아이가 달라지는 엄마의 말

아이가 달라지는 엄마의 말

초판 1쇄 발행 2020년 1월 23일
초판 3쇄 발행 2023년 7월 7일

지은이 도미향

발행인 백유미 조영석
발행처 (주)라온아시아
주소 서울특별시 서초구 방배로 180 스파크플러스 3F

등록 2016년 7월 5일 제 2016-000141호
전화 070-7600-8230 **팩스** 070-4754-2473

값 14,500**원**
ISBN 979-11-90233-46-0 (03370)

※ 라온북은 (주)라온아시아의 퍼스널 브랜드입니다.

아이의 속마음을 읽고
아이의 감정을 다스리는 최고의 코칭 대화법

아이가 달라지는
엄마의 말

도미향 지음

RAON
BOOK

– 프롤로그 –

아이를 행복으로 이끄는 엄마를 꿈꾸며

강의를 가면 엄마들로부터 가장 많이 듣는 소리가 있다. "아이 키우기 너무 힘들어요"라는 말이다. "어떨 때 가장 힘든가요?"라고 물어보면 대부분의 엄마들이 "아이가 말을 안 들을 때"라고 대답한다. 그럼 아이들은 왜 엄마의 말을 안 들을까? 그 이유는 간단하다. 아이들도 자신의 판단과 에고(ego), 자의식이 있기 때문이다. 또 나름의 자존심도 있다. 그래서 자신의 생각을 고수하다 보니 말을 듣지 않는 것이다. 그럴 경우 해법은 아이의 생각이 뭔지를 알아보고, 아이가 앞으로 더 나아가도록 지지하고 격려하면 된다.

'아니, 밥 안 먹는 아이를 더 지지해주라고?'

이렇게 반문하며 의아해하는 엄마들이 많을 것이다. 내 대답은 '그렇다'이다. "너는 지금 밥이 먹기 싫구나! 그러면 엄마랑 외출

할까? 그런데 배고프면 힘들 텐데, 지금 먹기 싫은 이유라도 있어?" 하는 식으로 엄마는 호기심과 인내심을 가지고 아이와 소통하기 위해 노력해야 한다.

가끔씩 나는 아이에게 어떤 부모일까를 생각해본다. 그리고 지금도 여전히 내가 부모로서 아이에게 잘하고 있는지 명확하게 확신하지 못한다. 그러나 한 가지 분명한 사실은 예전보다는 잘하고 있으며, 좀 더 수월하게 부모 노릇을 하고 있다는 것이다. 또한 나는 아이의 행복에 예전보다 더 큰 관심을 가지고 아이를 존중하고 이해하려는 자세를 가지고 있다는 점이다.

나는 아이가 둘인데 강의를 하면서 두 아이의 나이 차이를 말하면 다들 놀란다. 나의 첫아이와 둘째 아이는 무려 17년이나 나이 차가 난다. 처음 아이를 기를 때는 20대 후반이었기에 '내가 앞으로 어떻게 살아야 할까'라는 주제로 더 고민이 많아 아이를 자세히 살피지 못했다. 아이의 진정한 관심이 무엇인지, 아이의 욕구와 기대가 뭔지에 관한 관심이 그다지 크지는 않았던 것 같다. 사실 방법론적으로 아이와 어떻게 소통하는 것이 더 적절한지 잘 몰라서이기도 했고, 내가 앞으로 어떻게 살아갈지에 대한 고민이 더 컸기 때문일지도 모른다. 또한 첫아이를 기를 때는 어떻게 아이를 길러야 할지 확신이 없어서 여러 가지 배운 이론들을 토대로 우왕좌왕하면서 그 이론대로 해보려고 노력했다. 일관성 있게 아이를 잘 양육하고 아이를 잘 제압해야겠다는 생각으로 내가 정한 원칙에 따라 아이를 따라

오게 만들었다. 그리고 적당히 자부심마저 가졌다.

지금 생각해보면 많이 어리석었다. 아이가 어떤 생각으로 백화점에서 드러누웠는지, 장남감이나 비싼 옷을 사달라고 떼를 썼는지는 관심이 없었던 것이다. 다시 말해, 아이의 마음을 헤아리려고 하지 않았던 것이다. 나는 그냥 내가 정한 원칙에 아이가 따라오기를 바랐으며 그것이 일관성 있는 교육이라고 생각한 것이다.

그러다 2000년대 초반 딸이 중3이 되었을 때는 우연한 기회에 '코칭(Coaching)'을 접하게 되었고, 그 매력에 흠뻑 빠져들었다. 코칭은 개인의 잠재력을 좀 더 나은 상태로 끌어올리고, 아이들로 하여금 스스로 생각하고 주도적으로 행동하도록 이끌며 실천력을 강하게 해준다는 점이 아주 매력적이었다. 학교에 잘 다니고는 있으나 공부를 하지 않는 아이, 게임에 빠져 있거나 부모와 소통이 안 되는 아이들의 경우 코칭을 통해 좀 더 나은 변화를 가져올 수 있다고 했다.

코칭의 대상은 모든 아이들이며, 보통의 아이를 키우는 모든 부모들에게 적용이 가능하다는 점이 나의 가슴을 설레게 했다. 그래서 비즈니스 영역에 들어온 코칭을 부모 코칭에 응용하고 적용시키는 것에 더욱 관심이 갔다. 나는 이런 마음으로 우리나라에 부모 코치를 양성해 코칭 교육을 시작하고 부모 코치 전문가를 양성하는 데 18년의 세월을 보냈다.

나의 첫딸은 중3 때부터 스스로 공부를 열심히 했다. 그리고 유학을 떠났다. 아이가 스스로 택한 해외 유학이었으나, 혼자 외로워

할 때 나는 늘 이렇게 말했다.

"언제든 한국으로 돌아오면 된다."

그러면 딸은 말했다.

"아니야, 엄마! 이왕 왔으니 일주일만 더 버텨볼게."

이렇게 이어진 유학 생활 7년간 아이는 고등학교와 대학교를 졸업했다. 이때 내가 한 일은 열심히 돈을 번 것과 오직 인정과 지지를 해준 것뿐이었다. 그리고 가끔씩 질문을 던진 것이었다.

"네가 축구 서클 활동을 하면 학업에는 어떤 영향을 미칠까? 네가 리더십을 발휘하기 위해 할 수 있는 활동에는 뭐가 있을까?"

그러면 아이는 나에게 말했다.

"엄마, 코칭하는구나!"

"맞아. 코칭하는 거지!"

어느 날 나의 딸은 말했다.

"엄마! 나 친구한테 코칭했다. 딱 질문 세 개만 했는데 해결이 되더라고. '무슨 일인데? 속상하겠다', '그래서 어떻게 하고 싶은데?', '그러면 어떨 것 같은데?' 이 세 가지. 그런데 세 질문 만에 친구가 '알았어, 고마워'라고 말하더라. 코칭이 정말 강력한 걸 알았어."

잔소리가 아닌 인정과 지지 속에서 코칭하면서 키운 자랑스러운 큰딸은 다섯 명의 한국 학생을 처음으로 받은 미국 앨라배마주의 한 가톨릭고등학교에서 동급생들 중 매번 전교 1~2등을 놓치지 않았다. 그 이유를 나는 딸아이 스스로 동기화되어 움직인 덕분이라고 생각한다.

"내가 이렇게 이국땅에서 외롭게 고생하는데 공부라도 잘해야 덜 억울하지"라고 딸은 말하곤 했다. 어느 누구도 내 딸을 통제하지 못했다. 밤 10시가 되어 기숙사 불이 꺼지면 이불 속에서 스탠드를 켜고 공부를 했다고 한다. 딸의 유학 기간 동안 나는 잔소리하는 엄마 노릇도 하지 못했다. 물론 하자고 마음먹으면 아무리 먼 이역만리라도 전화로 잔소리를 해댈 수는 있다. 그러나 그것이 무슨 소용인가? 내가 매일 아이 옆에서 감시를 할 수도 없고, 어차피 아이가 독립적으로 자기를 통제해야하는 것을.

딸을 보면서 결국 인간은 스스로 자신의 판단하에 앞으로 나아가야 하는 존재임을, 그런 주도성을 길러주고 그런 자존감을 키워주는 것이 부모가 할 일임을 크게 깨달았다.

나는 아동복지학자로서 아동의 복지를 연구하고 가르치는 교수이다. 한동안은 모 TV 방송국의 SOS 긴급출동 프로그램의 '아동학대 솔루션위원'으로 방송 활동도 했다. 그러나 방송에 출연한 사례들에 대하여 여러 솔루션위원이 어떤 솔루션을 준다 하더라도 그것은 소 잃고 외양간 고치듯 사후 처치적인 접근이지, 좀 더 예방적인 차원에서 아동을 행복하게 하기 위한 구체적인 방안은 아니었다.

이제 나는 그 해답을 '코칭(coaching)'에서 찾을 수 있다고 말하고 싶다. 코칭은 강력한 질문을 통해 아이의 생각을 자극하고, 상황을 바라보는 관점을 바꾸고, 그 바뀐 생각을 가지고 실행력을 높여주는 강력한 인간 변화의 도구이다.

급속도로 변화하는 4차 산업혁명 시대에 살아남기 위해서 우리는 좀 더 다른 관점으로 아이를 양육해야 한다. 그러나 우리 부모들은 여전히 우리들의 부모에게서 배운 그대로를 대물림하고 있다. 변화의 시대에 우리 아이가 달라지려면 부모부터 변화되어야 한다. 즉, 아이를 바라보는 부모의 관점이 변화되고, 아이와 소통하는 방법도 변화되어야 한다. 소위 '부모 혁명'이 이루어져야 한다. 아이에게 말하기보다는 먼저 아이의 의사를 물어봐야 하고, 처방하기 전에 진단부터 해야 한다. 더 중요한 것은 아이가 왜 해야 하는지 근본적인 이유부터 확인해야 한다.

등교하는 아이에게 우리는 무슨 말을 하는가? 아마 대부분 "학교 잘 갔다 와. 선생님 말씀 잘 듣고, 수업 시간에 집중해야 해"라고 말한다. 그러나 왜 집중해야 하는지를 물어보는 경우는 없다. 그래서 아이는 매일 듣는 말을 지겹다라며 잔소리라고 생각한다.

"학교에 가서 무엇을 해야 할까? 네가 공부를 하는 이유는 뭐지? 선생님 말을 잘 경청하면 어떤 일이 벌어질까?"

이렇게 코칭의 관점으로 접근하여 아이의 근본적인 생각의 전환을 가져와야 한다. 저녁 식사 후에는 아이에게 "숙제 다 했니?", "스마트폰 좀 그만 봐" 같은 말이 아니라 좀 더 근사한 말을 해야 한다.

"오늘 우리는 어떻게 마무리하면 좋을까?", "엄마가 혹시 도와줘야 할 일이 있을까?", "어떤 내일을 맞이할까?"

이처럼 평소 사용하지 않던 말을 사용하려면 혁명이 필요하다.

부모의 사고 체계 전환을 통해 4차 산업혁명 시대에 필요한, 스스로 생각하고 판단하며 주도적으로 학습하는 아이, 해답을 모르는 시대에 스스로 답을 찾아가는 아이로 자라도록 양육해야 한다.

부모 코칭(parent coaching)은 단순한 질문 기법이 아니다. 아이의 존재 자체를 수용하고 인정함으로써 아이와 지금까지와는 다른 새로운 수준의 관계에 도달할 수 있도록 도와주고, 부모와 아이가 어려운 상황을 좀 더 긍정적인 방법으로 해결할 수 있도록 하는 매우 혁신적 접근 방법이다.

나는 이 책을 통해 4차 산업혁명 시대에 아이가 삶을 잘 준비하도록 기초가 되는 방법을 제시하고, 세상을 살아가면서 부딪히는 도전을 해결하는 데 필요한 실용적인 도구와 격려, 영감을 주고자 한다. 모쪼록 이 책을 읽는 많은 분들이 아이를 바라보는 관점을 바꾸고 아이를 느긋하게 기다려주고 창의적인 인재를 길러내는 부모 코치로서 역할을 해내기를 기대한다. 천륜으로 맺어진 부모와 아이가 한 번뿐인 삶을 의미 있고 행복하게 보내면 좋겠다. 사랑과 지혜의 대화인 부모 코칭을 통해 부모들이 '아, 아이 키우기 힘들다'라는 고민에서 벗어나 '아이와 함께하는 시간이 날마다 멋지고, 새롭구나! 우리 아이와 또 앞으로 어떤 일을 해볼까? 정말 궁금하구나!'라는 마음으로 아이와 함께 하루하루를 탐험하면서 살았으면 좋겠다.

우리나라 부모들이 모두 부모 코치가 되고, 그런 부모 밑에서 아이들이 좀 더 행복해지기를 기원하면서 아직도 아이 키우기로 힘든 엄마들에게 같은 동지로서 격려와 지지를 보낸다. 조금씩 엄마 노릇에 날마다 더 익숙해질 것이라고…….

아동복지학 교수도 초보 엄마일 때는 헤맸고, 40대 중반에 늦둥이 아이를 낳아 다시 길러보니 그 또한 쉽지 않다고 말해주고 싶다. 아이가 중1이 되니 사춘기의 오락가락하는 마음을 붙잡기도 힘들다고 말하고 싶다. 그래도 강조하고 싶은 것은 좀 더 나아지고, 날마다 좀 더 수월해지고, 어떤 날은 아이에게 감동적인 말도 듣는다고 말해주고 싶다. 코칭으로 아이를 기르니 좀 더 쉽다고.

이제 중1인 늦둥이 아이가 나에게 늘 하는 말이 있다.

"엄마, 감동이야! 엄마는 천사야!"

이 말은 나에 대한 최대의 찬사이며, 나는 이 말을 정말 감사히 받아들인다. 보통 스승은 말로 하고, 좋은 스승은 가르치고, 훌륭한 스승은 모범을 보이고, 위대한 스승은 감화를 준다는 말이 있다. 당신은 어떤 엄마인가? 아마도 아이들은 학교에서도 늘 가르침을 받기에 더 이상의 티칭(teaching)은 원치 않을 가능성이 상당히 높다.

아이들의 마음에 감화를 주고 감동을 주는 격려자, 지지자, 아이의 자존감을 세워주는 사람이 되어보는 것은 어떨까? 티칭하지 말고 코칭해보자. 그리고 화내는 엄마, 열받는 엄마가 아닌 아이를 행복으로 이끄는 천사 같은 엄마가 되어보자. 그러면 어제와 다른 더 멋진 오늘을 아이와 함께 맞이하게 될 것이다.

도미향

차 례

1장 부모가 변해야 아이가 변한다

2장 나는 어떤 부모인가?

3장
따라 하고 실천하는 코칭 스킬

4장
내 아이를 위한 코칭법

5장
기적 같은 변화를 불러오는 위기 상황별 대화법

1장

부모가 변해야 아이가 변한다

부모가 리더가 되어야 하는 시대

시키는 대로만 하는 사회는 지났다

4차 산업혁명 시대인 지금, 사회는 너무나 빨리 정신없이 변화하고 있다. 〈UN 미래보고서 2030〉과 미래학자 토머스 프레이(Thomas Frey)는 2030년까지 현존하는 일자리 중 20억 개 이상이 소멸할 것으로 예측했고, 매킨지 연구소는 현존하는 일자리의 80%가 사라진다는 보고서를 내놓기도 했다. 이러한 시대에 살아남으려면 뭔가 새로운 접근으로 새로운 가치 성과를 만들어내는 힘을 가져야 한다. 그러기 위해서는 지금까지의 방법이 아닌 새로운 방법으로 접근해야 한다.

기존 리더십은 주로 지시형 리더십이었다. 특히 가부장적인 우리 사회에서는 더욱더 그러하여 부모가 시키는 대로 해야 하고, 웃

어른들의 말에 순종하는 것이 미덕으로 여겨졌다. 다시 말해, 아날로그 시대에는 위에서 아래로 답을 내려주면 그것이 정답이 되고 그 정답에 따라 살면 되었다.

하지만 지금은 예측 불허의 시대이다. '예스'만 하고 살기에는 사회가 너무 급변하고 있으며, 풍랑 속에서 스스로 알아서 살아남기 위해 노를 젓듯이 풍파를 헤쳐나가는 자신만의 노하우가 필요하다. 그렇기에 시키는 대로만 할 수 없는 사회가 바로 지금의 사회이다.

새로운 아이디어를 창출해내는 높은 창의성이 필요한 것도 바로 이런 이유에서이다. 최근 굉장한 부를 이룬 재력가나 새로운 사업으로 성공에 이르는 사람들의 면면을 살펴보면 이 같은 사실이 좀 더 뚜렷해진다. 이들의 성공은 모두 창의적 사고와 혁신적인 행동이 밑받침이 되어 나왔음을 알 수 있기 때문이다. 이들 가운데 대다수가 지금까지와는 다른 관점으로 상황을 바라보고, 사고하고, 질문하고, 그 질문을 통해 답을 이끌어내 성공에 이르렀다.

나는 이 같은 변화의 시대를 맞아 '코칭 리더십'이 무엇보다 필요한 시대임을 강조하고 싶다. 코칭 리더십은 어느 한 사람이 주도적으로 끌고 가는 것이 아니라 개인 모두가 각자의 특성을 발휘하며 목표를 향해 열정을 가지고 앞으로 나아가는 것을 말한다. 즉, 누군가의 통제에 의해서가 아니라 스스로 잠재력을 발견하고, 스스로 목표를 정하고, 그 목표를 성취하도록 격려하고 지지하는 과정이라고 할 수 있다.

코칭 리더십이 필요하다

사람들은 통제를 싫어하고 더 많은 자율을 원한다. 만약 우리가 운전을 하다가 잘못 끼어들어 위험한 상황을 겨우 모면했다면 스스로 '아차, 내가 좀 더 조심할걸, 잘못했구나'라고 느끼고 앞으로는 조심하자고 다짐할 것이다. 그런데 만약 옆에서 남편이 "운전 좀 똑바로 해!"라고 윽박지르는 상황이 벌어진다면 당신 기분은 어떨까? "내가 잘못했어요"라고 당장 사과하고 반성할 수 있을까? 아마 대부분은 반발심이 생겨서 "당신은 운전할 때 실수 안 해?"라고 대꾸하며 서로 얼굴을 붉히고 말 것이다.

이런 반응은 누구에게도 통제받고 싶지 않은 에고(ego)가 작동되었기 때문이다. 사람들은 남의 말보다는 자신의 말을 더 하고 싶어 한다. 따라서 자신을 변화시킬 수 있는 것은 자기 자신뿐이다.

아이들도 마찬가지다. 부모가 아무리 맞는 말을 할지라도 아이의 입장에서는 훈계이고 설교이자 잔소리로 들릴 뿐이어서 반항심만 불러일으키게 된다. 그렇기 때문에 오히려 아이를 인정해주고 수용해주면 스스로 판단해서 '내가 잘해야겠구나!'라고 생각하게 될 것이다.

아이에게 창의적 교육을 시키겠다고 학원을 전전하는 부모님들께 대한민국 아동교육 전문가이자 마스터 부모 코치인 나는 이렇게 말씀드리고 싶다. 부모가 먼저 코칭 리더가 되자고! 사람은 이해하면 스스로 움직인다. 부모 코치가 우리 아이를 미래가 원하는 창의적 리더로 성장시킨다는 것을 명심하자.

아이 스스로 선택할 수 있는 권리

창의적인 인재는 부모가 만드는 것이 아니라 아이 스스로 자신의 목표를 설정하고 다양한 정보망을 통해 새로운 아이디어를 창출할 때 가능하다.

미래형 인재는 지금 우리의 교육 현실 안에서는 나오지 않는다. 틀이 없는 교육 방식으로 변화해야 한다. 중학교의 자유학기제, 열린 어린이집, 놀이 중심 교육과정 등이 바로 이러한 방식을 대변하고 있다. 이 모든 과정을 코칭이라 부를 수 있다. '한국코칭학회'의 정의대로 "코칭 철학은 모든 사람에게는 무한한 잠재력과 가능성이 있으며, 누구나 내면에는 변혁적인 해답을 가지고 있다"는 것을 인정하는 데에서 시작하기 때문이다.

지금 시대에는 아이들의 잠재력을 최대로 이끌어내 스스로 탁월한 삶을 살 수 있도록 부모가 한 발 물러나서 지지하는 존재로 머물러야 한다. 이제 부모는 아이에게는 스스로 선택할 권리가 있음을 이해해야 한다. 아이에 대한 깊은 사랑과 이해심을 가지고, 아이가 직접 경험하고 아픔을 겪으며, 책임감을 스스로 키워갈 수 있도록 허락하려는 용기와 의지가 있어야 한다.

나는 33년간의 결혼생활 동안 멋진 두 아이와 함께 성공적인 부모 코칭의 기틀을 마련했다. 앞으로 독자들이 체험하게 될 코칭의 원칙은 부모 코치 전문가인 내가 두 아이들과 함께 아주 어린 시절부터 실천한 사례를 통해서도 그 효과가 입증된 것이다.

갓난아기를 돌보는 일이나 어린 영유아를 양육하는 일은 비교적 수월하다. 하지만 대부분의 부모들은 질풍노도의 시기라 하는 사춘기, 10대 자녀를 어떻게 대해야 하는지 방법을 잘 몰라 난처하고 힘든 상황에 자주 처하게 된다. 부모들은 아이가 성인이 되어 스스로 자립할 준비를 갖추도록 도와주어야 한다는 사실은 잘 알고 있다. 하지만 우리가 알고 있는 양육 방법을 아무리 찾아봐도 적절한 해결책을 찾기란 쉽지 않은 게 현실이다.

이 빈자리를 채우고 아이들의 진정한 성장을 돕는 방법이 바로 '코칭'이다. 아이가 스스로 책임감을 갖도록 하는 효율적인 방법이자 아이가 책임감을 배우는 강력한 방법이 코칭이다. 그리고 이렇게 할 때 부모는 아이에게 계속 영향력을 끼칠 수 있다. 10대 아이들의 다수가 자신의 마음에 귀를 기울이고, 믿어주고, 신뢰하는 부모를 필요로 한다. 코칭을 통해 그런 부모가 될 수 있다. 그러나 현실 속 많은 부모들은 아이가 점점 멀어진다는 생각에 괴로워하면서도 그 벌어진 틈새를 어떻게 메워야 할지 잘 알지 못한다.

코칭은 아이가 바라는 방식으로 부모의 사랑을 전달하면서도 아이의 책임감을 더 강화시키고 스스로의 창의력을 발휘하도록 만들어준다. 바로 이 시대가 요구하는 인재를 길러내는 방식이다.

코칭을 실천하는 방법은 아주 간단하다. 하지만 당신의 기존 자녀 양육 방식을 버리고 코칭을 적용하기는 쉽지는 않을 것이다. 그래서 나는 '부모 코칭 혁명'이라는 단어를 사용한다.

'말하기'보다는 '질문하기'를 하고, '지시'하기보다는 '경청'하는 것 등 지금까지 고수해온 대화 방식을 바꾸는 노력은 거의 혁명에 가깝기 때문이다. 아이의 바람을 존중하고 진심을 듣기 위해 노력하려면 부모는 자기 자신의 생각을 버려야 한다. 이러한 과정은 정말 고단하고 참기 어려울 수 있다. 그러나 그 보상은 이루 말할 수 없을 정도로 크다. 코칭 방법을 잘 실천해서 아이가 존중과 신뢰를 받고 있다고 느낄 수 있는 관계를 형성하게 된다면 다른 사람들과의 관계에도 적용해볼 수 있다. 남편, 자매, 직장 동료, 나아가 모든 사람에게도 동일한 효과가 나타날 것이다.

늦둥이 아들이 어느 날 잠들기 전에 말했다.

"엄마, 나 오늘은 엄마의 격려가 좀 필요해. 잘했다고 말해줘요."

사춘기 아들에게 이런 말을 들을 때 나는 코치 엄마로서 행복감을 느낀다. 아들과 나의 관계는 아주 신뢰가 넘친다. 이러한 성과는 나의 18년간 코칭 인생에서 우러난 결과라고 확신한다. 모든 부모들이 아이가 스스로 성장해갈 수 있도록 배려하는 감동적인 모습을 보여주기를 진심으로 바란다.

부모 성찰 질문

1. 아이와 대화할 때 부모가 주도하고 있지 않은가?
2. 부모가 과거에 학습한 교육 방식대로 아이를 교육하고 있지 않은가?

'티칭'이 아니라 '코칭'이 필요하다

나의 리더십 스타일은?

모든 사람은 자기 나름대로의 리더십을 가지고 있다. 조직에서 지도자가 리더십을 발휘하듯이 가정에서는 부모가 아이들을 대상으로 부모로서의 리더십을 발휘한다. 그때 리더십을 발휘하는 스타일은 사람마다 다르다. 리더십 스타일에는 지시를 주로 하는 '명령가' 스타일이 있고, "나처럼 해! 나는 예전에 이렇게 했어!"라고 말하면서 자신의 사례를 영웅담처럼 말하는 '영웅' 스타일이 있다. 그런가 하면 주로 가르치는 '선생' 스타일이 있고, 아이가 스스로 생각하고 행동하게 돕는 '코치' 스타일이 있다. 그러면 당신은 이러한 네 가지 유형 중에 어떤 부모 유형에 속할까?

당신이 아이들과 소통할 때 주로 사용하는 리더십 스타일의 퍼센트를 체크해보기 바란다.

| 리더십 스타일 체크리스트 |

리더십 스타일	빈도
명령가(지시하다)	
영웅(나처럼 하라)	
선생(가르친다)	
코치(스스로 책임지도록 돕는다)	
합계	100

※ 전체 빈도가 100%가 되도록 각 스타일에 해당하는 빈도를 적는다.

나는 워크숍을 진행할 때 많은 부모들에게 "이 네 가지 스타일 중 당신은 어떤 유형인가요?"라고 물어본다. 대부분의 엄마들은 '선생'과 '명령가' 스타일로 가르치고, 지시한다고 한다.

만약 입장을 바꾸어 당신이 아이라면 부모가 어떤 스타일의 리더이면 좋을까? 당신에게 늘 지시하거나 가르치는 사람이 좋은 부모일까를 한 번쯤 생각해볼 필요가 있다.

당신은 어떻게 아이와 상호작용하는 부모로 인정받고 싶은가? 우리 아이들은 내면에 많은 힘을 가지고 태어난다. 부모의 역할은 아이가 가지고 태어난 그 내면의 힘을 잘 발휘하도록 돕는 의도적인 과정을 맡아주는 것이다.

일례로, 아주 맛과 향이 좋은 차가 있다고 가정해보자. 그런데 그 차가 주전자에만 담겨 있으면 어떨까? 차는 찻잔에 따라서 향을 느끼고 맛을 음미할 때 본연의 가치를 발휘한다. 아이도 마찬가지다. 많은 잠재력을 가지고 있지만 그것을 의도적으로 발휘하도록 만들어주지 않으면 아무런 소용이 없다. 그래서 아이의 잠재력을 발휘하도록 적극적으로 돕는 것이 바로 부모의 역할이다.

히딩크 감독의 코칭 리더십

대한민국의 월드컵 4강 신화를 이루어낸 거스 히딩크 감독은 코칭계에서는 아주 훌륭한 사람으로 인용되고 있다. 특히 히딩크 감독이 박지성 선수의 역량을 끄집어내 세계적인 선수로 도약하게 만든 일은 전 국민에게 깊은 인상을 남기기에 충분했다.

박지성 선수는 자신이 쓴 책에서 "내 속에 숨어 있는 잠재력을 현실로 끌어내준 사람은 바로 히딩크 감독이다"라고 쓰기도 했다. 히딩크 감독이 박지성 선수에게 가장 많이 한 말은 "너는 정말 정신력이 훌륭하다"라고 인정하는 말이었다고 한다. 아무도 알아주지 않았던, 아무도 알아봐주지 않았던 어린 선수의 마음을 알고 있기라도 하듯 히딩크 감독은 박 선수의 노력과 땀을 칭찬해주었던 것이다.

우리 아이들의 내면에도 모두 잠재력이 숨어 있다. 다만 그것을 현실로 끌어내기 위해서는 히딩크 감독 같은 전폭적인 지지와 인정이 필요할 뿐이다. 아이가 잠재력을 발휘할 수 있도록 지원하고 인정하는 것이 무엇보다 필요하다. 부모의 훈계 섞인 티칭이 아니라 스스로 행동하게 하는 코칭이 필요하다.

나는 과연 코치형 부모일까?

다음 표에 나오는 코치형 리더십 체크리스트를 보고 당신의 행동 패턴을 알아보기 바란다. 만약 일곱 가지 이상 체크했다면 당신은 충분히 코치형 부모가 될 수 있다. 혹시 아홉 개 이상 YES로 답했다면 당신은 아주 훌륭한 코치형 부모이다.

| 코치형 리더십 체크리스트 |

1	아이의 상황을 충분히 파악하고 있다.	
2	아이와 한 약속은 꼭 지킨다.	
3	아이의 의견을 수렴하여 의사 결정을 하는 경우가 많다.	
4	아이의 말에 공감하고 숨어 있는 의미까지 파악하려고 노력한다.	
5	지시하기보다는 질문하는 경우가 많다.	
6	서로의 장점에 대해서는 칭찬하고 인정한다.	
7	서로의 고민을 함께 나누고 토의한다.	
8	부모로서 나의 실수에 책임질 수 있다.	
9	가족의 비전을 함께 공유하고 있다.	
10	가족 간의 다툼이나 갈등을 잘 관리할 수 있는 방안을 알고 있다.	

이 표에서 당신이 체크하지 못한 부분이 있다면 왜 그런지 생각해보자. 어떻게 변화하면 그 항목에도 체크가 가능하게 될지 생각해보자.

“나는 세상에서 엄마가 제일 싫어!”

리더십을 말할 때 중요한 두 가지 요소가 있다. 바로 ‘역량’과 ‘성품’이다. 우리는 흔히 성품은 좋은데 역량이 없는 사람을 ‘안타깝다’라고 표현한다. “사람은 참 좋은데 능력이 좀 딸려서 안됐어”라는 말이 대표적이다. 반면 성품도 별로이고 역량도 없는 사람은 ‘한심한 사람’이라고 표현한다. 그리고 역량은 있는데 성품이 안 좋다면 ‘무시할 수 없지만 싫은 사람’이라고 표현한다. 부모가 경제적 여력도 있고 아이를 가르칠 여력도 되는데 아이에 대한 존중감이 없고 아이를 인정해주지 않는다면 이 세 번째 유형에 속한다고 할 수 있다.

딸이 유학 생활 중 방학이 되어서 한국으로 돌아올 때의 일이다. 같은 대학교를 다니는 친구가 방학 계획을 들려주었다고 한다.

“나, 이번 방학 때는 한국에 가지 않고 친구와 미국 여행을 할 거야. 이미 부모님께 여행 경비도 다 받았어.”

딸은 축하한다고 말하고는 한국행 비행기에 올랐는데, 같은 비행기 안에서 그 친구를 만났다.

“미국 여행한다더니 어떻게 된 거야?”

딸이 묻자 친구는 웃으며 이렇게 대답했다.

“어, 사실 나 한국에 놀러 가. 그런데 부모님은 만나지 않을 거야. 친구들만 만나서 놀다가 다시 돌아갈 거야. 우리 부모님께는 절대 비밀이야. 부탁해.”

너무 놀란 딸이 “왜 방학이 되어서 한국에 가는데 보고 싶은 엄마를 보지 않고 친구만 만나고 가?”라고 물었다. 그러자 친구는 이렇게 대꾸했다고 한다.

"나는 사실 이 세상에서 우리 엄마가 제일 싫어. 내가 필요하니까 학비와 생활비를 받지만 만나고 싶지는 않아. 엄마는 나를 한 번도 있는 그대로 인정해주지 않았거든. 내가 고등학교 때 전교에서 1, 2등 했지만 엄마는 늘 한 개 틀린 것에 대해, 1등 하지 못한 것에 대해 나한테 모멸감을 줬어. 나도 그 때문에 경쟁 심리로, 누군가에게 지기는 싫으니까 열심히 공부했지만 부모님에 대해서 결코 좋은 마음을 가질 수가 없어."

이 이야기를 벌써 수년 전에 들었지만 나는 아직도 그때 느꼈던 감정이 잊히지 않는다. 오죽하면 열네 시간 비행기를 타고 한국까지 와서 부모를 안 만나고 그냥 돌아갈 생각을 했을까? 그저 부모의 은혜를 모르는 나쁜 자식이라고 생각하고 말 일일까? 나는 그 아이

| 성품과 역량 |

※ 출처 : 숀 코비, 《성공하는 대학생들의 7가지 습관》(한국리더십센터, 2015)

의 엄마가 과연 아이에게 적절한 부모 역할을 한 것인지 의아했고, 그렇게 벌어진 부모와 자식 사이가 정말 안타까웠다. 그 아이에게 부모야말로 전형적인 '무시할 수 없으나 싫은 사람'에 속한다고 할 수 있었다.

마지막 유형은 성품과 역량이 모두 좋고 훌륭한 사람으로 우리는 이런 사람을 '리더십을 갖춘 사람'이라고 말한다.

부모라면 아이에게 좋은 성품과 역량을 갖춘 코칭 리더십을 한번 발휘해보자. 특히 주로 엄마가 혼자 말을 많이 하고 방향을 주도하고 아이를 통제한다면, 또 지시하고 명령하고 결과 중심이라면 과감히 바꿀 필요가 있다. 더 많이 질문하고 듣고 함께 탐구하는 것. 그래서 아이의 의욕을 불러일으키고 과정을 중요하게 여기고 책임을 함께 나누어가지는 것. 그것이 현명한 부모 코칭이다.

부모 성찰 질문

1. 당신의 리더십 스타일은 어떠한가? (명령가/ 영웅/ 선생/ 코치)
2. 코치형 리더가 되기 위해서는 어떤 역량을 갖추는 것이 좋을까?

'틀림'이 아닌 '다름'으로 프레임을 전환하라

"넌 특별한 아이야"

어느 다문화가정의 아버지가 교사와 나눈 대화 내용이다.

아버지 : 우리 애들한테 중국어를 가르치라고요? 왜요? 주변 사람들도 엄마가 중국 사람이라는 것을 잘 모르고 있는데 왜 일부러 드러냅니까? 표 안 나게 잘 적응하고 있는 애들한테 괜히 혼란만 주는 일, 나는 원치 않습니다.

선생님 : 그래도 아이에게는 아빠 나라와 엄마 나라를 모두 자랑스러워하는 마음이 필요하지 않을까요? 또 두 언어를 구사할 수 있다는 장점도…….

아버지 : 내 자식이 중국 사람입니까? 한국 사람입니다. 아이 엄마도 이미 한국 사람이 다 되었는데요.

선생님 : …….

아버지 : 지금 나라에서는 다문화가정에 많은 지원을 한다고 난리지요. 하지만 돈으로 하는 생색내기, 이벤트처럼 한번 휙 지나가고 마는 그런 지원은 우리에게 더 큰 상처만 줍니다. 우리가 그렇게 불쌍해 보입니까?

선생님 : 아, 그렇군요. 그럼 어떤 지원을 해야 한다고 생각하시나요?

아버지 : 생각을 고쳐야죠. 다문화가정 사람들도 일반 사람들과 똑같다는 거, 제발 색안경 끼고 보지 말고 차별하지 말라는 거, 외국인이 아니라 한국인으로 받아들이라는 거…….

※ 출처 : 〈한국교육신문〉 (2019. 7. 5.)

나는 이 글을 읽으면서 편견을 이겨내고 대한민국 모델로 우뚝 선 한현민이 떠올랐다. 그가 어린 시절 친구 집에 놀러 가면 "저 아이랑 놀지 마!"라고 친구의 엄마가 말했다고 한다. 물론 그는 그런 말들에 상처를 받았는데 그럴 때마다 엄마가 말했다고 한다.

"넌 특별한 아이야."

모델 한현민은 엄마의 그 말이 가장 큰 힘이 되었다고 한다. 아마도 엄마의 그러한 격려가 오늘날 그를 세계가 인정한 가장 영향력 있는 10대이자 패션계 최고의 신예 모델로 성장시켰을 것이다.

사실 '다름'은 '틀림'이 아니다. 사회가 정해놓은 프레임과 다르다는 이유로 틀림으로 바라보는 시각은 다문화가정의 아이들에게뿐만 아니라 우리나라의 모든 가정에서 일어나는 모습이기도 하다.

아이를 바라보는 시각을 바꾸자

아이가 공부를 하지 않고 운동만 한다면 대개의 부모는 '나의 아이는 운동에 관심이 많구나'라고 생각하지 않고 아이가 틀렸다고 생각한다. "지금이 어떤 시점인데 하라는 공부는 안 하고 운동을 해? 도대체 정신이 있는 거야 없는 거야?"라고 막말까지 하면서 가차 없이 아이에게 틀렸다고 지적하다가 심지어 쓸모없는 존재로까지 만들어버린다. 아이를 바라보는 시각에 관한 전환, 프레임 혹은 패러다임 시프트(paradigm shift)가 필요하다.

나도 두 아이를 키우다 보니 아이의 특성이 서로 무척 다름을 느낀다. 특히 남녀 성별 차이도 있고, 아이의 기질 차이, 성격 차이도 있다. 또한 나이 차가 많다 보니 세대 차이까지 느낀다. 큰딸은 영유아기에는 성격이 까탈스럽고 고집도 세고 예민했다. 그리고 초등학교 때부터는 스스로 자기 할 일을 잘 찾아 했다. 공부도 초등학교 5학년 때부터 서서히 하기 시작하더니 중학교 1학년 때부터는 전혀 염려하지 않을 정도로 곧잘 했다.

그러나 늦둥이 아들은 딸과는 다르게 어릴 때부터 아주 유순하고 평화로우며 크게 뭘 해달라고 고집부린 적도 없다. 그리고 학교 생활은 딸과 비슷하게 열심히 했고, 심지어 과학창작대회인 케이넥스에 나가서 아주 큰상을 타오기도 했다. 중1이 된 지금은 사춘기라 그런지 딸보다 훨씬 예민하고 변덕스럽고, 때로는 너무 착하고, 감정의 기복이 크다. 공부를 진득하게 하지 않고, 영어를 싫어하고, 자신이 좋아하는 것과 싫어하는 것을 많이 따진다. 그리고 느닷없이 '래퍼'가 되겠단다.

그런 아이를 남편은 '저러면 안 되는데, 음~ 뭔가 잘못되어 가는데……'라는 염려 섞인 눈빛으로 바라본다. 나는 아이의 강점을 바라보고 있다. 아이의 너그러운 마음과 손을 사용한 활동의 강점 그리고 수학과 과학에 관한 호기심 등에 관해 '아! 아이가 가능성이 크구나!'라고 생각한다.

이렇듯 한 집에서도 같은 아이를 바라보는 관점은 부모 간에도 서로 다르다. 그것을 누가 더 맞고 안 맞고의 관점으로 바라보는 것은 적절하지 않다. 그냥 서로 바라보는 관점이 '다르구나'로 이해하는 것이 좋다. 그렇지 않으면 결국 부부간에 다투게 될 것이고, 아이는 자신에 대해 의구심을 가지게 될 것이다. '나는 나쁜 아이인가?' 라고.

명품이 나올 수 있었던 이탈리아의 힘

몇 년 전 이탈리아로 연수를 갔을 때 마리아 몬테소리(Maria

Montessori) 여사가 설립한 연구소를 방문한 적이 있다. 그때 한 학생이 그곳의 연구원에게 질문했다.

"이탈리아에서 가장 유명한 유아교육 방법은 뭔가요?"

몬테소리 연구소에만 30여 년간 근무했다는 그녀의 대답은 좀 색달랐다.

"이탈리아에는 특별히 따르고 있는 유명 유아교육 프로그램이 없어요. 각 지역마다, 각 교육기관마다 각자의 프로그램을 가지고 있을 뿐입니다. 몬테소리 프로그램도 많은 프로그램 가운데 한 가지일 뿐입니다."

그 말에 한국과는 많이 다르구나 싶었다. 우리나라는 특정한 시기에 유행하는 특정한 프로그램들이 있다. 어느 날은 몬테소리 프로그램에 열광하다가 어느 날은 '프뢰벨', 또 어느 날은 '프로젝트' 하는 식으로 교육 프로그램이 유행을 거쳐 갔다.

나는 그 연구원의 말을 듣고 다양성을 존중하는 그들의 이 같은 풍토가 바로 미켈란젤로나 레오나르도 다빈치 같은 천재 예술가를 탄생시킨 배경이 되고 또 명품의 본고장을 만든 것이라고 생각했다. 우리 사회에도 아이들의 다양성을 인정하고 아이들의 생각을 존중하는 사회 분위기가 조성되고, 부모들도 유행 따라 왔다 갔다 하는 교육관이 아닌 자신만의 소신을 가지고 넓은 안목으로 아이들을 바라보는 이들이 많아지기를 바란다.

대화다운 대화를 나누자

코칭 교육도 마찬가지로 다양성을 존중하는 일에서 출발한다. 여기 코칭 교육을 받고 변화한 한 엄마의 사례를 소개하고자 한다.

코칭 교육을 받기 전 그 엄마가 아이와 나눈 대화는 이러했다.

아이 : 엄마! 저는 미대에 가고 싶어요.

엄마 : 음. 그래? (엄마는 아이가 성적이 좋지 않아 아이가 미술을 하고자 한다고 생각한다.) 네 성적이면 어느 대학에 갈 수 있을까?

아이 : ……. (엄마의 눈치를 보며 의기소침해한다.)

코칭 교육을 받은 후 엄마는 자신의 프레임이 잘못되었음을 인지하고는 생각을 바꾸어 아이와 대화를 나누었다고 한다.

엄마 : 엄마한테 미대 가고 싶다고 했잖아. 미대 가고 싶은 이유는 뭐야? 엄마가 그때 못 물어봐서 미안해.

아이 : 엄마! 사실 나는 웹툰을 그리고 싶거든. 이거 한번 봐봐. 내가 그린 거예요.

엄마 : 와~ 진짜 잘 그렸네. 우리 아들이 웹툰을 이렇게 잘 그리는지 미처 몰랐네. 엄마가 보기에 소질이 있네! 요즘 웹툰 작가는 전망이 밝은 것 같더라. 엄마가 도와줄게! 열심히 한번 해봐~

아이 : 엄마! 고마워요. 나는 유명한 웹툰 작가가 되고 싶어요.

그러려면 우선 대학에 가서 전공을 해야 하거든요. (좋알 좋알~)

그 아이와 엄마는 요즘 부쩍 대화가 많아졌다고 한다. 아이는 학교에서 돌아오면, 자신이 무엇을 하고 싶은지 계획을 매일 이야기하는데 그런 아들을 보고 있노라면 엄마도 신이 난단다. 아이는 자신의 꿈을 그리며 희망적인 에너지를 뿜어내면서 스스로 밤샘 시험공부를 한다고 했다. 이러한 모습을 보면 엄마의 인정과 지지를 받은 아이가 주도적으로 변화하고 성장하는 것을 알 수 있다.

결국 부모가 아이를 바라보는 시선의 변화는 아이와의 에너지, 대화의 변화를 이끌어낸다. 그리고 그 결과 응원하고 지지하는 부모와 주도적으로 꿈을 그리는 아이로 서로 바뀔 수 있다. 부모는 이 사회가 빠르게 변화하고 있다는 것을 인식하고 자각해야 한다. 부모의 프레임 전환으로 아이를 이해하면 아이는 스스로 성장할 수 있다.

부모 성찰 질문

1. 아이를 얼마나 믿고 있는가?
2. 당신이 아이를 바라보는 현재의 프레임에서 긍정적으로 변환 가능한 프레임은 무엇이 있을까?

코칭을 어떻게 할 것인가?

세계 꼴찌의 행복지수

통계청이 발표한 '2019년 청소년 통계'에 따르면 2019년 청소년 인구는 876만 5,000명으로 2018년 902만 7,000명보다 2.9% 감소했다. 2014년 1,000만 명 선이 깨진 이후 5년 만에 900만 명 선까지 무너진 셈이다. 청소년뿐만이 아니다. 미래의 대한민국을 채워줄 아이들의 수가 점점 줄어들어 인구 절벽은 우리 사회가 앞으로 해결해야 할 큰 과제로 남아 있다.

그런데 이렇게 귀한 우리 청소년들은 현재 어떤 마음으로 살고 있을까? 과연 행복하게, 자기 삶에 만족하면서 살고 있을까? 보건복지부가 한국보건사회연구원에 의뢰해 조사한 '2018년 아동종합 실태조사'에 따르면 우리나라 청소년의 행복지수는 세계 54위에 머물러 있다. 그런데 나를 더욱 놀라게 한 것은 주관적 행복지수는 훨씬 낮아서 세계 꼴찌를 기록하고 있다는 사실이다. 주관적 행복지수는 주관적 건강, 학교생활, 개인 행복(삶의 만족도/ 삶의 부정적 생각)을 의미하는데 한마디로 우리 아이들은 '전혀' 행복하지 않다는 이야기다.

"그래, 그렇게 해줄게"

이 결과를 본 나는 소위 코치 엄마를 둔 내 아이들의 행복도는 어떨까라는 궁금증이 생겼다. 그래서 어느 날 아이에게 "너의 삶은 어때?"라고 질문을 던졌다. 아이는 한 치의 망설임도 없이 "나는 좋은데"라고 대답해주었다. 참으로 다행이고, 또 고맙다는 생각이 들었다. 우리 아이들이 좋다고 답한 이유는 무엇일까? 내가 아이를 특별히 잘 양육하거나 모범적이었을까? 꼭 그렇지는 않을 것이다. 나는 '무엇이 우리 아이들을 행복하게 만들까?'라는 궁금증이 들어 다시 아이에게 물었다.

"근데 말이야, 무엇이 너의 삶을 만족하게 만든 것 같니?"

"음~ 글쎄요……."

아이는 한동안 심각하게 생각하더니 대뜸 이렇게 말했다.

"엄마가 코치 엄마라서?"

아이 얼굴에 번진 미소를 보면서 나는 갑자기 '아, 나는 코치 엄마였지'라는 생각이 들었고, 그러자 부모 코칭에 대한 깊은 생각을 하게 되었다.

코치 엄마라는 말은 사실 아들에게 여러 번 들어본 말이다.

"엄마는 정말 내 마음을 너무 잘 알아줘. 엄마는 천사 같아."

정말 최고의 찬사가 아닐 수 없다. 아이가 나를 천사라고 표현하는 가장 큰 이유는 자신의 생각을 잘 이해하고 수용해주기 때문이다. 나는 대부분의 경우에 "그렇게 해줄게"라고 말한다. 열 가지 상황이 있다면 그중 두 개 정도는 거절을 표시할 수도 있으나 나머지 여덟 개는 오케이다.

내가 그렇게 하는 이유는 아들의 생각을 대체로 다 존중하고 공감하기 때문이다. 내가 거절하는 경우는 단 두 가지 상황일 때뿐이다. 위험하거나, 상황에 매우 맞지 않을 때. 그때는 나도 거절의 뜻을 전한다. 그러나 대부분의 엄마들은 더 많이 거절한다. 스마트폰 하면 안 돼, 게임하지 마, 학원 빠지면 안 돼……. 이것저것 다 거절하면 아이 입장에서는 어차피 다 거절당할 텐데 '고집이나 부려보자'라고 생각할 수도 있다.

위의 예에서처럼 보통의 엄마들과 다른 나의 기본적인 생각은 아이 자체에 대한 존중에 있다. 누구든 존중받으면 자신의 존재를 스스로 귀하게 여기게 되고, 그런 귀한 자신을 위해 더 발전하려고 노력하게 된다. 이것이 바로 부모 코칭의 기본적인 접근 방식이다.

코칭은 목적지까지 안전하게 데려다주는 일

나는 강의를 할 때 마다 꼭 청중들에게 물어본다.

"당신은 아이에게 늘 말하는(지시하는) 사람인가요? 가르치는 사람인가요? 모델이 되어주나요? 감동을 주는 부모인가요? 당신은 이 중 어디에 해당될까요?"

내가 생각하기에 감동을 주는 사람이 바로 누군가의 천사가 아닐까 생각한다. 그럼 우리는 매일같이 아이를 양육하면서 감동을 주려고 했을까? 아니면 늘 지시하고 가르치려고 했을까?

당신 스스로 어떤 부모인가 생각해보자. 입장을 바꿔놓고 생각하면 쉽게 답이 나올 수 있다. 누군가가 자신에게 늘 지시하고 가르치려고 든다면 아마 저항감부터 느껴질 것이다. 왠지 하려고 했던 것도 반항심이 생겨 하기 싫다고 느끼게 된다. 그러나 누군가가 자기 마음을 읽어주고 헤아려주고 이해해준다면? 그때는 마음으로 받아들여지고, 감동마저 느낄 것이다.

아이에게 감동을 주는 부모가 되어보자. 그러면 아이들의 행복도가 높아질 것이고, 세상이 살 만하다고 느낄 것이다. 부모 코칭은 궁극적으로 아이가 원하는 상태로 갈 수 있도록 지지해주는 것이다. '코칭'의 어원은 헝가리 도시 콕시(Kocsi)에서 개발된 네 마리 말이 끄는 마차에서 유래했다. 전 유럽으로 퍼진 이 마차는 'Kocsi', 'Coche'라고 불렀고 영어로는 'Coach'라고 했다.

결국 '코칭'은 고객을 원하는 목적지까지 데려다주는 행위다. 중세 유럽에서 마차를 탄 사람은 귀족이거나 권력가, 아니면 매우 중요한 사람이었을 것이다. 따라서 코칭은 "중요한 누군가를 현재 있는 지점에서 그가 원하는 목적지까지 상호작용하면서 편안하게 데려다주는 개별 서비스"라고 정의 내리고 있다.

아이들의 입장에서 코칭은 현재 아이가 있는 시점에서 시작해서 아이가 가고자 하는 목적지까지 상호작용하면서 아이로 하여금 목표에 도달할 수 있도록 지지해주는 과정이라고 할 수 있다. 이때 이 코칭을 통해 부모와 아이는 서로 동반 성장하는 것이다. 어느 한쪽의 희생이 아니라 양쪽이 성장하는 의미를 가지고 있다.

아이와의 소통은 영원한 숙제

코칭은 아이의 지속적인 변화와 성장에 관심을 두고 현재 어떤 상태인지 호기심을 가지고 아이를 탐구하고, 아이의 미래를 계획하고 진정한 변화와 발전을 지원해서 아이의 잠재력을 극대화시키는 과정이다.

지금까지 부모의 역할이 가르치고 보호하고 감독하는 입장이었다면, 코치로서의 부모 역할은 아이가 원하는 목표를 향해 제대로 갈 수 있도록 옆에서 지지하고 파트너적인 관계를 유지하는 것, 즉 친구와 같은 관계를 유지하는 것을 말한다.

물론 부모가 지금까지와는 완전히 다르게 아이의 파트너 역할을 한다고 하면 한편으로는 직무유기가 아닌가 하는 의문을 가질 수도 있다. 하지만 자신을 늘 수용해주고 인정해주며 마음을 적극적으로 읽어주고 함께 마음을 나누는 부모가 된다면, 아이는 부모의 파트너십을 완벽하게 받아들일 것이다.

우리 아이들은 이미 이곳저곳에서 가르침을 넘치게 받고 있다. 학교와 넘치는 사교육 현장에서 말이다. 그런데 집에 와서까지도 엄마의 가르침을 받는다면 아이의 마음이 얼마나 답답할까?

나는 어느 날 아주 점잖게 아이에게 말한 적 있다.

"이제 시험 기간이니 엄마는 네가 시간을 좀 아껴서 공부하면 더 좋을 것 같아! 어떻게 생각해?"

그러자 아이가 대뜸 이렇게 말했다.

"결국 공부하라는 말이잖아!"

맞는 말이다. 나의 의도가 깃든 말이다. 아이가 원하는 목표가 아닌 내가 세운 목표에 맞추어 질문을 한 것이다.

이렇듯 아이와의 소통은 늘 힘들다. 그래서 어떻게 하면 아이와 잘 소통할 수 있을지, 상대를 통제하지 않으면서도 스스로 움직이도록 할 수 있을지를 놓고 항상 말을 아껴가며 고민해야 한다. 쉽지 않은 노릇이고, 늘 어려운 숙제 같은 일이다.

"내가 해봐서 아는데"가 불러들인 역효과

친정엄마는 내게 무언가를 특별히 지시한 적이 없었다. 열심히 생활하는 모습을 칭찬하고 그저 나를 착한 딸로 인정해주실 뿐이었다. 나는 엄마의 기대에 어긋나지 않기 위해서 열심히 공부하고 노력했다. 나는 그런 것이 부모 역할이라고 생각한다.

부모 코칭은 컨설팅, 카운슬링, 멘토링과도 비슷하다고 할 수 있으나 기본적인 차이가 있다. 컨설팅(consulting)은 사전적 의미로는 '조언(助言)을 주는 것'이다. 그러나 실제로는 단순히 조언을 제공하는 것을 넘어서 '솔루션(solution)을 제시'한다. 문제(problem)를 파악하고 고객이 해결하기 어려운 것 또는 직접 해결하기 싫은 것들을 대신해주는 것이다.

그에 비해 카운슬링(counseling)은 심리치료나 상담을 통해 깊은 부정적 감정이나 정서적 문제를 변화시키는 영역이고, 멘토링(mentoring)은 자신보다 선배의 입장인 사람이 먼저 그 일을 경험하고 그 경험을 알려주는 과정이다. 그래서 컨설턴트와 카운슬러, 치료사, 멘토의 경우 대부분 고객과의 관계가 수직적이라 할 수 있다. 다시 말하면, 전문적인 지식을 가지고 고객에게 뭔가 정답을 주는 존재인 셈이다.

만약 당신이 부모이지만 컨설턴트의 역할을 한다면 아이에게 어떻게 해야 하는지 방법을 일일이 제시해주는 것이고, 카운슬러의 역할이라면 상담자로서, 멘토라면 먼저 삶을 산 사람으로서 자신의 경험을 들려주는 사람이 되는 것이다. 그러나 세 경우 모두 아이 입장에서는 잔소리로 생각할 수 있다. 우리는 이것을 '자서전적 반응'이라고 하는데 "내가 옛날에는 말이야" 또는 "내가 옛날에 이런 적이 있거든?"처럼 자신의 경험에 근거해 충고하고 판단하고 평가하여 결론을 내리도록 하는 자세를 말한다. 그러나 이 같은 반응은 아이들로부터 반발심만 불러올 가능성이 크다.

코치 밑에서 자립심이 싹튼다

그러나 코칭은 주어진 환경 속에서 코치(coach)와 고객(coachee)이 신뢰를 바탕으로 목표를 향하여 나아가는 과정이다. 신뢰(trust)는 코칭의 철학을 함축하는 핵심 개념이다. 코치가 가지는 신뢰는 고객의 가능성에 관한 것이고, 고객이 가지는 신뢰는 자신의 가능성에 대한 신뢰는 물론 코칭을 통해 목표에 이를 수 있다는 믿음을 포함한다. 여기에서는 코치가 부모이고 고객이 아이라고 생각하면 된다.

지금은 예전 우리 세대가 살던 시대와는 많이 다르다. 하루하루가 변화되는 4차 산업혁명 시대에 아이들을 잘 양육하려면 부모가 기존의 사고방식을 고집할 게 아니라 코치 역할을 하는 것이 중요하다. 아이들의 가능성을 믿고 질문과 경청으로 아이들을 창의적인 존재로 받아들이고, 잠재 능력을 개발할 수 있도록 도와야 한다.

이런 부모 코치 밑에서 자란 아이들은 주관적 행복도가 올라가고, 자신의 인생에서 만나는 문제들에 대해 다양한 시각에서 접근하면서 스스로 해결책을 찾아나가는 자립적인 인재가 될 수 있다.

부모 성찰 질문

1. 아이가 이미 10대를 넘겼다면 코칭하기 너무 늦은 때인가?
2. 아이와의 건강한 관계를 유지하기 위해 코치 엄마로서 당신은 무엇을 할 수 있는가?

코칭이 있는 가정은 무엇이 달라도 다르다

너는 존귀한 사람이란다

하버드 대학교 총장이자 경영학 교수인 킴 B. 클라크(Kim B. Clark)는 졸업식장에서 학생들에게 이렇게 말했다.

어머니는 늘 제게 말씀하셨습니다.

"킴 클라크, 오늘도 나가서 리더가 되어야 한다. 네가 옳거나 그르다고 생각하는 것에서는 절대로 물러서선 안 돼. 그리고 누구도 널 함부로 대하도록 허용해서는 안 된다. 네가 누구인지 기억하라. 알았니?"

저는 여러분께 제 인생의 불빛과도 같은 존재이신 어머니의 이 같은 당부를 꼭 전하고 싶습니다. 여러분이 어떤 사람인지 꼭 기억하십시오. 당신이 얼마나 특별하고 존귀한 존재인지를 기억하시길 바랍니다. 이제 내일이면 이 캠퍼스를 떠나는 나의 사랑하는 제자들이여, 당신이 얼마나 위대한 존재인지를 반드시 기억하시길 바랍니다.

— 하버드경영대 교수 15인 지음, 데이지 웨이드먼(Daisy Wademan) 편,
《하버드 졸업생은 마지막 수업에서 만들어진다》(안명희 옮김, 세종서적, 2005)

나는 이 글을 읽고, 나도 내 아이를 존귀한 존재로 키워야겠다는 생각에 막내가 아주 어릴 때부터 잠자리에서 아이에게 늘 중얼거리듯 말했다.

"너는 아주 중요한 존재야. 이 세상 어느 누구도 너를 무시하거나 함부로 대할 수 없단다. 너는 누구보다도 소중하고, 이 사회에서 아주 중요한 역할을 할 사람이야."

이렇게 아이에게 자신이 귀한 존재임을 자주 알려주어 자기 암시처럼 자신을 소중하게 생각하도록 하는 것이 필요하다. 그렇게 하기 위해서는 부모가 먼저 아이를 존귀하게 대하는 태도와 신념을 갖춰야 한다.

인간은 무한한 가능성을 지니고 태어난다. 그리고 스스로 해답을 찾아갈 수 있는 존재이다. 다만 그 해답을 잘 찾아가도록 부모는 아이를 지지해주고 도와주는 친구 같은 존재가 되는 것이 좋다.

나의 큰딸이 초등학교 다닐 때 나는 자주 아이에게 말했다.

"다 때가 되면 공부하고, 네가 원하는 것을 하게 될 거야."

그러면 딸아이는 "엄마! 그럼 나는 언제부터 공부를 열심히 하게 될까? 그때가 언제야?"라고 묻곤 했다. 그러면 나는 "글쎄! 그것은 네가 정하게 되겠지. 어느 날 갑자기 공부가 하고 싶을 때가 있을 거야! 그때부터 열심히 하면 될 것 같아!"라고 답해주었다.

사실 이 말은 어쩌면 뜬구름 잡는 이야기처럼 들릴 수도 있다. 그러나 교수라는 직업을 가지고 공부를 주업으로 하고 있는 나의 경험과 석사까지 마친 딸의 경험에 비추어볼 때 나름 논리를 가진다고 나는 자부한다.

아이를 믿고 기다릴 뿐

동료 교수 중 한 명이 어느 날 이런 말을 했다.

"나는 이 세상에서 공부가 가장 싫어요. 대학 졸업 때까지 과외를 받아서 공부라면 이제 징글징글합니다."

당시 나는 그 말을 듣고 살짝 놀랐다. 아마 그분은 부잣집 자녀였던지, 나와 비슷한 또래인데도 평생 과외라고는 경험한 바 없는 나와 달리 대학까지 과외를 받았으니 말이다. 아무튼 공부가 질색인 그가 대학 교수라니, 나는 그의 인생이 참 딱해 보였다.

부모가 자녀를 교수로 만들 수는 있다. 그러나 교수가 되고 나서는? 스스로 원하지 않은 삶의 자리에 서게 된 일에서 본인이 자기 길을 찾을 수 있을까? 어차피 인생은 스스로 해결해가야 할 마라톤 시합 같은 것이다.

앞에서도 말했듯이, 친정엄마는 내게 지시를 내린 적이 없었다. 당연히, 엄마에게 공부하라는 말을 들어본 적이 없었다. 엄마는 늘 공부하겠다는 내 결심과 다짐을 수용만 해주었을 뿐이다.

고등학교 때 나는 성적이 그다지 좋지 않았다. 그러나 엄마는 성적이 별로라며 나를 혼낸 적도 없었다. 열심히 하는데 성적이 안 오른다고 오히려 안타까워하기만 했다. 엄마의 이런 태도는 아마 나에 대해 큰 욕심이 없어서였을 것이다. 자식이 다섯이나 되고 게다가 딸이었으니, 별일 없이 평탄하게 학교만 잘 다니면 된다고 생각했을 것이다.

그러나 엄마의 그런 태도는 오히려 내가 공부해야겠다는 의지를 다지는 데 도움이 되었다. 나는 대학에서 공부를 본격적으로 하게 되었고, 공부에 대한 나의 재능을 발견하게 되었다. 석사, 박사 그 후 교수가 되고 수십 년이 흘렀으나 나의 열정은 식지 않았다. 만약 엄마가 공부하라고 했다면 나는 그 잔소리가 듣기 싫어서 공부를 더 안 했을지도 모른다.

그래서 나도 내 딸을 믿고 기다려주었다. 딸은 중학교 입학 후, 공부에 대해 뭔가를 깨달았는지 공부를 열심히 하기 시작했고, 당연히 성적은 순식간에 오르기 시작했다. 이것은 엄마의 아이에 대한 마음 비움, 즉 아이의 있는 그대로를 수용하는 자세, 스스로 알아서 잘할 것이라는 강한 신뢰 속에서만 가능하다.

나는 아이의 무한한 가능성에 대한 '믿음'과 더불어 아이와 대화할 때 '질문'과 '인정'을 염두에 두고 말한다.

"딸, 앞으로 어떻게 하고 싶어? 그렇게 하려면 어떻게 해야 해?"

그러면 딸은 이렇게 말한다.

"엄마, 또 코칭하는구나?"

"맞아! 코칭하는 중이야!"

"야! 대단하다. 그런 멋진 생각을 하다니, 엄마는 우리 딸이 정말 자랑스럽다."

첫째도 듣기, 둘째도 듣기

18년 전 코칭을 배운 후, 나는 가장 먼저 나 자신을 되돌아보면서 몇 가지 반성을 했다. 첫째는 아이에게 내 뜻을 강요한 점, 둘째는 열심히 듣지 않은 점, 셋째는 아이의 마음을 진심으로 헤아려주지 않은 점 등이다.

먼저 잘 듣는 것, 즉 경청에 관해서 나는 대개 이런 태도로 일관했다.

하교한 아이가 학교에서 일어난 일에 관해 내게 신이 나서 들려주고 있었는데, 설거지와 집안일로 바빴던 나는 아이의 말을 건성으로 흘려들었다.

"응, 응, 그래, 그래……."

그러면 딸은 내 건성을 알아채고는 되묻곤 했다.

"엄마, 내가 방금 뭐라고 했는데요?"

"아! 미안! 엄마가 잘 모르겠어. 한 번만 더 이야기해줄래?"

아차 싶어 사과하지만 이미 때는 늦었다.

아이는 "됐거든요" 하며 맥주 김빠지듯이 대화에 흥미를 잃고 자리를 박차고 나가기 일쑤였다. 이것이 우리의 일상이었다.

나는 코칭을 배운 후 변화하기로 결심했다. 우선 잘 들어야 했다. 듣는 것은 아이와의 관계를 쌓는 기초라고 생각하고, 열심히 집중해서 아이의 눈높이에 맞추어 들으려고 노력했다. 그 결과, 낭연히 아이와의 관계가 매우 좋아졌다.

가족 대화의 물꼬, 토론 막대기

이런 말이 있다. 이 세상에는 두 부류의 사람이 있는데, 바로 말하는 사람과 말하려고 기다리는 사람이라고. 듣는 사람은 없다. 그만큼 잘 듣는다는 것이 힘들다는 이야기다.

나는 코치 엄마로 변신하기로 결심하고, 아이의 마음을 헤아려 귀 기울여 듣고, 아이가 스스로 창의적인 해답을 찾도록 강력한 질문을 했다.

늦둥이로 태어난 막내아들 서윤이가 어렸을 때의 일이다. 한창 레고 블록에 관심이 쏠려 있어서 마트에 갈 때마다 사달라고 졸라댔다.

한번은 서윤이를 이렇게 달랬다.

"서윤이가 레고를 가지고 싶구나! 그런데 엄마는 서윤이가 지난주에 레고를 샀고, 또 이 레고는 값도 너무 비싸서 오늘은 살 수 없겠어."

그러다 어느 날 퇴근을 했더니 아이가 쪼르르 달려오더니 이렇게 말하는 게 아닌가?

"엄마! 나 엄마 지갑 좀 봐도 돼요? 돈 많이 벌어왔어?"

그때 내 지갑에는 카드밖에 없어 다행(?)이라면 다행이었다.

"서윤아, 우리 집에는 이미 레고가 많은 것 같아. 너는 어떤 이유에서 또 다른 레고를 가지고 싶은 거니?"

"엄마, 이것은 레고 종류에 대한 안내문이야. 여기 보면 여러 가지 레고가 있는데 이 중에서 1, 3, 4번이 있거든. 그런데 나는 2번이 없어. 2번을 사면 합체가 돼. 그럼 엄청 멋있어지거든."

아이의 말문이 열리더니 자신의 생각을 표현했다. 이것이 중요하다.

초등학교 1학년이 되었을 때도 여전히 레고를 사고 싶어 했던 서윤이는 어느 날 나에게 물었다.

"엄마, 어떻게 하면 내가 그 레고를 살 수 있나요?"

막내는 태어나 단 한 번도 자신의 의사를 관철하기 위해 드러눕거나 떼를 쓴 적이 없었다. 자신의 뜻을 해결하기 위한 방법은 대화와 협상, 토론, 협의라고 생각하기 때문이다.

우리는 지금도 온 가족이 서로에게 질문을 던진다. 서로 의견이 다를 때는 토론 막대기를 활용한다. 토론 막대기는 한 인디언 부족이 서로 의견이 다를 경우 상대가 이해가 될 때까지 그 발언 막대기를 가진 사람만이 발언하는 것에서 유래했다. 우리 가족도 그렇게 소통한다.

나는 남편에게 질문하곤 한다.

"당신의 꿈은 뭐예요?"

"막내아들을 잘 키우는 것."

가족이 함께 대화를 나누고, 생각을 나누고 더 나은 방향을 위해 함께 의논하고 한 방향을 바라보는 가족. 그것이 코칭하는 가족의 모습이다.

부모 성찰 질문

1. 당신은 아이의 말을 경청하고 또 경청하는가? 충고부터 하는가?
2. 당신이 원하는 양육 목적을 달성하기 위해 현재 사용하는 양육 방법은 적절한가?

아이의 삶을 주도적으로 이끌기 위해

부모 코칭은 풍요로운 삶의 기술

부모 코칭은 부모가 자신의 현재 상황을 있는 그대로 인식하고 수용함으로써 건강한 부모의 모습을 갖추도록 돕는 과정이다.

부모로서 자신감을 갖고 아이와 상호작용할 수 있는 코칭 기술을 습득함으로써 부모 역할을 효과적으로 하고, 아이의 성공과 성장을 통하여 부모 역할을 완성할 수 있도록 돕는 일이다. 궁극적으로 부모 코칭은 부모 자신뿐만 아니라 아이의 성장을 도움으로써 더 좋은 부모, 더 행복한 가정으로의 변화를 돕는 풍요로운 삶의 기술이다.

다윗을 움직인 자신감

성경에 나오는 '다윗과 골리앗'의 이야기는 아이들에게 교훈을 줄 때 자주 인용된다. 이스라엘과 블레셋이 전쟁을 치를 때의 일이다. 블레셋에 3미터가 넘는 장수 골리앗이 나타나자 이스라엘군은 사기가 땅에 떨어져서 감히 대적할 엄두를 내지 못하고 있었다. 그때 들판에서 양을 치던 어린 목동 다윗이 사울 왕 앞에 나가서 "제가 골리앗을 무찌르겠습니다"라고 말한다. 그러고는 물맷돌 하나로 거인 골리앗을 쓰러뜨려 이스라엘에 승리를 안겨준다.

그때 어린 다윗은 골리앗이 무섭지 않았을까? 당연히 다윗도 자신보다 몇 배나 더 큰 골리앗을 보았을 때 잔뜩 겁을 먹었을 것이다. 그렇다면 어떻게 다윗이 자신보다 훨씬 큰 골리앗에게 대적할 수 있었을까?

그것은 바로 자신의 삶을 '주도적'으로 살아간 '자신감' 덕분일 것이다. 다윗은 목동으로 살아오면서 경험한 지혜를 바탕으로 골리앗의 강점을 파악하면서도 그에 대적할 수 있는 자신만의 날렵함과 물맷돌을 잘 날리는 자신의 강점을 비교해보았을 것이다.

그리고 용기 있게 당당히 도전했고 결국 골리앗을 물리쳤다. 이것은 다윗이 비록 어린 나이였지만 자신의 생각대로 밀고 나가 그대로 행동에 옮길 수 있는 힘, 즉 자신의 삶을 주도적으로 이끌어 가는 힘을 지니고 있음을 나타내는 명백한 사례이다.

다윗의 이러한 면모는 부모의 남다른 양육 방식에서 비롯된 듯하다. 다윗의 부모는 어떤 상황이 발생하더라도 다윗에게 강압적으로 특정한 행동을 하도록 유도하지 않았다. 그 대신 질문을 통해 다윗 스스로 결정하게 하고 행동하도록 지지하고 격려했다. 이 같은 지혜로운 양육 방식은 성경에 그대로 전해져 기록된다.

다윗의 사례에서 볼 수 있듯, 아이가 주도적으로 자신의 삶을 살아가도록 부모가 돕는 것은 매우 중요하고 또 당연하다. 이러한 접근법이야말로 '코칭'의 원조라고 할 수 있다. 코치형 부모는 아이의 강점을 바라보고 아이 스스로 자신의 선택에 책임감을 가지고 움직이도록 돕는 사람이어야 한다.

주도적이었던 딸의 유학길

나의 딸은 중3 때 미국 유학길에 올라 대학 졸업 후 한국으로 돌아왔다. 중학생 때 교환학생 1년, 고등학교 3년, 대학 3년 총 7년 동안 미국에서 유학 생활을 했다.

딸이 유학을 간다고 했을 때 부모로서 상당히 모험이 따르는 결정을 해야 했다. 딸아이가 처음 유학 이야기를 꺼낸 것은 중1 때였다.

"엄마, 나 유학 보내줘요. 영어 잘하고 싶어요."

나는 당연히 안 된다고 일축해버렸다. 반대의 이유는 경제적 부담과 더불어 아직은 청소년기이고, 서로 떨어져 살아야 한다는 사실을 수용하기 어려웠기 때문이다.

그리고 중3이던 어느 날 또다시 딸은 이렇게 말했다.

"엄마, 나 미국에 교환학생으로 가는 시험에서 합격했어요. 그러니 이제 보내줘요."

나는 할 말이 없었다. 한동안 아무 말이 없어서 유학은 완전히 안 가는 것으로 정리한 줄 알았는데, 놀랍게도 아이가 스스로 유학 갈 수 있는 방안을 찾아서 가져온 것이었다.

'이 정도의 강한 의지라면 아이를 믿고 유학을 보내도 되겠구나' 라는 생각이 들었다.

그래서 1년만 보내기로 하고, 미국 정부 지원 교환학생으로 유학을 떠나보냈다. 딸은 미국과 멕시코의 경계에서 아주 가까운 뉴멕시코주의 가난한 히스패닉 가정에 배정되어 지내게 되었다. 딸은 1년간 청소와 설거지를 전담했다고 한다. 그러나 많은 교환학생들이 이 집, 저 집을 옮겨 다닐 때도 딸은 끝까지 그 집에서 버텨냈다. 그 이유는 스스로 유학을 결정한 주도성 때문이었다. 자신의 결정에 대한 일종의 책임감이었던 셈이다.

1년 후 한국으로 돌아온 딸은 다시 유학을 갈 것인지, 한국에서 고등학교 1학년 2학기로 진학할 것인지를 결정해야만 했다.

딸은 고민에 빠졌다. 가자니 1년간의 경험을 통해 영어에 대한 호기심은 많이 사라졌고, 외로움에 대한 두려움도 커졌기 때문이다.

태도가 행동을 결정한다

나는 딸이 유학 갈 때의 강점과 약점을 스왓(SWOT) 분석을 통해 정리해보았다. 분석 결과 딸에게는 약점보다는 강점이 많다는 사실을 그리고 강점을 통해 약점을 해결할 수 있다는 사실을 알게 되었다. 또한 많은 위협보다는 더 많은 매력적인 기회가 있음도 알게 되었다.

| 유학에 관한 스왓 분석 |

강점(내부 요인)	약점(내부 요인)
S(Strength) • 외국어에 관한 호기심이 많다. • 어릴 때부터 전학을 많이 다녀서 어디에 서든 잘 적응한다. • 영어를 비교적 잘한다. • 주도성이 강하다. • 친화력이 있다.	W(Weakness) • 부모 없이 혼자 지내야 하는 환경 • 해외 경험 전무 • 영어 학습 역량 부족 • 경제적 뒷받침의 부담
기회(외부 요인)	**위협(외부 요인)**
O(Opportunity) • 영어를 잘할 수 있게 된다. • 글로벌 인재로 성장하게 된다. • 다양한 기회를 얻게 된다.	T(Threat) • 미국 청소년 환경(약물 남용, 알코올, 이성 교제 등) • 미국 학생들과의 경쟁 • 취업 시 국내 명문대 선호 문화

이러한 결과에 대해 서로 협의하고 딸의 선택을 존중해주기로 했다. 딸은 유학을 다시 간다고 했고, 나는 언제든지 돌아와도 된다고 했다. 아무리 본인이 주도적으로 결정해도 부모가 든든한 버팀목이 되어주어는 게 당연하기 때문이다.

딸은 다시 유학을 가기로 결정한 후 영어를 더 잘 배우기 위해 한국인이 거의 없는 곳을 골라 100여 곳에 이메일을 보냈다. 그렇게 해서 최초로 한국인을 다섯 명 받기로 한 앨라배마주의 한 고등학교로 진학하게 되었다. 딸은 고교 재학 시절 악착같이 공부하여 미국 아이들 사이에서 전교 1등 또는 2등을 늘 유지했고, 전교 부회장도 맡아 했다.

미국에서 혼자서도 공부를 열심히 하고 유학 생활을 잘 버텨내는 딸이 나는 매우 자랑스럽고 대견했다. 내심 1등을 하는 것이 좋았으나 겉으로 욕심을 내지는 않았다. 대신 딸에게 이렇게 당부했다.

"딸, 1등 꼭 안 해도 된다", "적당히 해. 그 정도면 충분해. 건강도 챙기면서 해", "자랑스러운 대한의 딸이구나. 정말 훌륭하다", "사랑해!"

격려의 편지도 자주 보냈다. 그러나 딸은 말했다. 기숙사에서 밤에 소등이 되면 이불 속에서 스탠드를 켜고 공부를 한다고.

"아니, 엄마! 멀리까지 왔는데 열심히 해서 좋은 대학 가야지."

이런 대화를 몇 년 동안 반복하면서 아이는 늘 공부에 최선을 다했다. 딸의 이런 모습이야말로 주도적인 삶의 태도를 보여주는 것이라고 난 늘 생각한다.

이처럼 아이가 주도적인 삶을 살도록 부모는 아이에게 파트너이자 지지자가 되어주어야 한다. 부모 코칭의 특징은 다음과 같이 정리할 수 있다.

첫째, 부모 코칭은 아이의 올바른 성장 발달을 돕는 실천 기술이다.

둘째, 부모 코칭은 건강한 부모-자녀 관계를 이루도록 돕는 실천 기술이다.

셋째, 부모 코칭은 아이가 리더십을 발휘하도록 지지하는 실천 기술이다.

넷째, 부모 코칭은 아이의 문제 발생을 예방하고 위기 아동의 문제 해결을 돕는 실천 기술이다.

부모 코칭은 이처럼 아이와 지속적인 협력 관계가 가능하고, 아이의 잠재 능력을 극대화시킨다. 또한 부모가 함께 성장할 수 있도록 돕고 가족 간의 의사소통을 더 좋아지게 한다. 그리고 이것은 궁극적으로 아이를 주도적인 삶을 살 수 있도록 이끈다.

부모 성찰 질문

1. 당신은 원래 어떤 부모가 되고 싶었는가?
2. 당신의 아이가 훗날 당신을 어떤 부모로 기억하기를 바라는가?
3. 부모 코치로 당신이 변화한다면 당신의 삶과 아이의 삶에는 어떤 변화가 생길까?

2장

나는 어떤 부모인가?

자신의 리더십 스타일을 파악하라

성격도, 생김새도 모두 백인백색

당신은 어떤 유형의 부모인가? 아이를 코칭하기 전에 부모인 자기 자신부터 살피는 것이 필요하다. 고등학교부터 대학까지 유학생활을 했던 딸은 방학이 되면 한국으로 돌아왔다가 개학 날짜에 맞추어 미국 학교로 돌아가는 생활을 했다.

어느 해 방학 기간을 한국에서 보낸 딸은 개학 날짜에 맞추어 출국하기 위해 공항에 나갔다. 그런데 알고 보니 예약한 비행기가 그 전날 비행기였다. 비행기를 놓친 딸은 다음 날 큰 손해를 보고 두 배 가까운 시간을 들여서 겨우 미국으로 입국할 수 있었다. 이러한 실수는 비교적 철두철미한 나에게는 용납하기 어려운 일이었다.

"메모를 해두었는데 달력이 뒤로 넘어가는 바람에 그 메모가 보이지 않아서 기억을 못했다"라고 딸의 비행기를 예약했던 남편은 말했다. 그리고 딸은 자신의 일임에도 스스로 제대로 챙기지 않았다.

나는 기억을 하지 못한 남편도, 스스로 챙기지 못한 딸도 모두 이해가 안 갔다. 만약 내가 그 일을 맡았다면 아주 철저하고 정확하게 해서 비행기를 놓치는 소동 따위는 만들지 않았을 것이었다.

그러나 부부도, 아이도 저마다 성격이 다르고 행동 양식에도 차이가 있기 마련이다. 이러한 차이를 알지 못하고 자신과 같은 스타일로 행동하지 않았다고 이해하지 못하거나 섭섭해한다면 가족관계도, 아이와의 관계도 결코 쉽지는 않을 것이다.

DISC 검사에 따른 유형별 특징

DISC(퍼스널 프로파일) 행동유형검사는 1928년 미국의 심리학 교수인 윌리엄 마스턴(William Moulton Marston) 박사가 고안한 것으로 인간의 행동유형을 주도형, 사교형, 안정형, 신중형의 네 가지 핵심 요소로 구분하는 분석틀이다.

다음에 나오는 간단한 테스트 문항을 보고 당신에게 맞는 유형을 알아보라. 만약 상황에 따라 어떨 때는 천천히, 어떨 때는 빠르게 결정하는 경우는 '천천히' 혹은 '신중히'에 체크하면 된다. 또한 어떤 때는 사람을, 어떤 때는 결과를(혹은 성과를) 중요하게 생각한다면 '사람'이 있는 칸에 체크하면 된다(좀 더 정확히 알고 싶다면 p70에 나온 상세 문항을 체크해서 유형을 확인해보기 바란다).

|행동 유형별 특징|

D 주도형(지도자형)	I 사교형(아이디어형)
• 어떤 일을 할 때 빠르게 결정함 • 일, 성과, 결과가 중요함	• 어떤 일을 할 때 빠르게 결정함 • 사람, 과정이 중요함
S 안전형(우호형)	**C 신중형(분석형)**
• 어떤 일을 할 때 천천히 결정함 • 사람, 과정이 중요함	• 어떤 일을 할 때 신중히 결정함 • 일, 성과, 결과가 중요함

첫째, 주도형(Dominance)은 적극적인 행동파 유형이다. 이 유형의 엄마들은 아이에게 "엄마만 따라와!"라고 말하면서 아이의 의욕을 북돋아주는 동기부여 코칭 스타일을 지녔다. 다만, 이 유형의 엄마는 과정보다는 결과에 더 집중하기 때문에 아이의 어떤 과정이나 노력 자체를 인정하지 않고, 결과에 더 집중할 수 있다.

둘째, 사교형(Influence)은 주로 낙관적이고 감정을 중요시하는 유형이다. 따라서 이 유형의 엄마들은 '즐기며 살자'라고 생각하고 아이가 가지고 있는 강점 요소에 대해서 친밀감을 가지고 인정해주는 코칭 스타일을 가지고 있다. 이 스타일은 주로 자신에게 더 많이 에너지가 집중되어 있기 때문에 부모들은 자기 자신이 관심 있는 것에 집중하고 아이디어가 많으며 빠른 속도로 뭔가를 신속하게 처리하는 것에 익숙하나 그에 반해 마무리나 성과는 덜 날 수 있다.

셋째, 안정형(Steadiness)은 안정되고 평화롭고 협력을 중시하는 유형이다. 이 유형의 엄마들은 아이에게 지금 이대로도 괜찮다고 말하면서 아이와 좋은 관계를 유지하고 아이의 의견을 존중하는 코칭 스타일을 가지고 있다. 이런 엄마들은 흔히 말하는 착한 엄마 스타일이다. 만약에 아이도 안정형 아이라면 아이는 아주 착하다. 그래서 이러한 아이들을 둔 엄마들은 아이를 혼내거나 꾸중하기보다는 아이를 인정해주고 지지해주면 아이가 스스로 알아서 자기 행동을 잘 관리할 수 있는 유형이다.

마지막으로 신중형(Conscientiousness)은 심사숙고형 유형이라고 할 수 있다. 이 유형의 엄마는 책임감이 있고 무슨 일이 일어나면 "엄마가 생각해볼게"라고 말한다. 나는 워크숍을 통해서 DISC, 에니어그램 등 성격 검사, 스타일 검사 등을 여러 차례 실시했는데 이 DISC 검사에서 신중형 엄마들이 많은 것으로 나타났다. 신중형이 많은 이유는 전업주부들은 꼼꼼하게 모든 것을 다 챙겨야 되고, 특히 아이를 잘 돌봐야 하기 때문에 부모로서 그 스타일이 신중형으로 바뀌는 것이 아닌가 싶기도 하다. 이 유형은 아이에게 아주 체계적이고 구체적인 행동 패턴과 성과 중심의 행동을 요구한다. 그래서 부모 스스로도 아주 힘들다. 매사에 너무 신중하기에 편할 날이 없다.

아이와 소통하는 것을 생각해보면 주로 주도형 엄마들은 상당히 자신의 의견을 강하게 밀어붙이는 유형이기 때문에 사람에 대한 배려가 좀 적을 수도 있다. 다시 말해서, 아이의 마음을 이해하기보다는 "이렇게 하면 돼. 해봐!"라고 하고 아이를 밀어붙일 수도 있다. 그 경우 안정형 아이라면 아이는 엄마가 시키는 대로 주로 할 것이고, 엄마의 기세에 좀 주눅이 들 수도 있다. 그런데 신중형 아이인 경우에 부모가 만약 스피디하게 빠른 속도로 결정하고 사람 중심, 과정 중심인 사교형이라면 그 엄마를 몹시 마음에 안 들어 할 수도 있다. 자기 엄마는 덜렁이고 아웃풋이 안 나오는 사람이라고 생각할 수도 있다.

안정형과 신중형은 좀 천천히 하는 편이기 때문에 주도형 엄마의 입장에서는 답답하게 느껴질 수도 있다. 그리고 주도형 엄마의 경우에는 안정형 아이들이 온순하기 때문에 안정형 아이와 같이 지내는 것이 비교적 수월할 것이다. 그러나 주도형 엄마의 아이가 사교형이라면 아이의 입장에서는 거의 죽음 수준이라고 해도 과언이 아닐 것이다. 왜냐하면 주도형 엄마들은 성과를 중요하게 생각하고 일의 마무리에서 빠른 속도를 기대하지만, 사교형 아이들은 성과보다는 사람이 더 중요하고 누구와 함께하느냐가 중요한 아이들이기 때문에 서로 의견의 일치를 보기가 쉽지 않기 때문이다.

이처럼 부모로서 자신의 행동 유형 스타일을 안다면 자신의 강점을 살려 아이와 대화를 나눌 수 있고 아이를 좀 더 잘 이해할 수 있어서 소통하기가 훨씬 수월해질 수 있다.

부모 성찰 질문

1. 당신은 어떤 행동 유형 스타일의 부모인가? (주도형/ 사교형/ 안정형/ 신중형)
2. 당신의 강점은 무엇이며, 아이와의 일상 대화에서 어떻게 적용 가능한가?

| DISC 유형 검사 |

PART 1 : D형	PART 2 : I형
• 야심적이다. ( ) • 속도가 빠르다. ( ) • 책임감이 강하다. ( ) • 책임감이 강하다. ( ) • 결과가 중요하다. ( ) • 고집이 세다. ( ) • 결단력이 있다. ( ) • 위험을 감수한다. ( ) • 밀어붙인다. ( ) • 합의가 잘 안 된다. ( ) • 독립적이다. ( ) • 자신의 주장이 강하다. ( ) • 독단적이다. ( ) • 의지가 강하다. ( )	• 에너지가 넘친다. ( ) • 설득력이 있다. ( ) • 재미있는 것을 추구한다. ( ) • 사람을 좋아한다. ( ) • 유머 감각이 있다. ( ) • 생기발랄하다. ( ) • 에너지가 넘친다. ( ) • 매력적이다. ( ) • 자발적이다. ( ) • 호기심이 많다. ( ) • 충동적이다. ( ) • 의사소통을 잘한다. ( ) • 걱정이 없는 것처럼 보인다. ( )
PART 3 : S형	**PART 4 : C형**
• 친절하다. ( ) • 잘 참는다. ( ) • 긍정적이다. ( ) • 협력적이다. ( ) • 까다롭지 않다. ( ) • 소극적이다. ( ) • 객관적이다. ( ) • 규율을 잘 지킨다. ( ) • 신뢰를 쌓는다. ( ) • 감정 이입을 잘한다. ( ) • 갈등상태를 싫어한다. ( ) • 다른 사람을 배려한다. ( ) • 과정이 중요하다. ( )	• 신중하다. ( ) • 철저하다. ( ) • 체계적이다. ( ) • 완벽주의이다. ( ) • 자제력이 있다. ( ) • 일관성이 있다. ( ) • 충성심이 강하다. ( ) • 규칙을 잘 따른다. ( ) • 행동을 주저한다. ( ) • 정리 정돈을 좋아한다. ( ) • 속마음을 잘 드러내지 않는다. ( ) • 모든 가능성을 고려한다. ( ) • 결과를 중요하게 생각한다. ( )

※ 각 PART에서 해당하는 항목에 체크 표시하고, 체크 표시한 숫자를 세어 아래의 빈칸에 적는다. 가장 체크 표시가 많은 PART가 있는 곳이 자신의 유형이다.

- D형 엄마, I형 아이 : 아이가 좀 힘들다. 엄마는 성과 중심인데 아이는 사람 관계를 중요시하고, 새로운 아이디어로 이것저것에 관심을 가지기 때문이다.
- D형 엄마, S형 아이 : 아이가 착하다. 엄마는 아이를 인정과 칭찬으로 격려해주면 아이는 매사에 열심히 한다. 그러나 아이가 소극적이기도 하기에 엄마처럼 추진력이 없다고 나무라지 않아야 한다.
- D형 엄마, C형 아이 : 둘 다 성과를 내는 것을 좋아하는데 관계가 서로 무겁다. 아이는 아주 신중하기에 천천히 분석하지만 엄마는 아주 빠르기에 아이가 답답하게 생각될 수 있다.
- I형 엄마, C형 아이 : 아이가 볼 때 엄마는 체계적이지도 분석적이지도 않아 답답할 수 있다.

| 행동 유형에 따른 부모와 아이의 특징 |

D형 : 지시적이고 독단적인 부모, 고집이 세고 강한 아이	I형 : 사교적이고 상호작용적인 부모, 영향력을 행사하려는 아이
1) D형의 행동 특성 의사결정을 신속히 한다. 일을 시작하면 그 일을 끝내고야 만다. 자기 방식대로 자유롭게 일하는 것을 좋아한다. 목표를 정하고, 그것을 달성하는 것을 좋아한다. 자신이 가진 능력과 기술에 대해 자신감이 많다. 경쟁하는 것을 좋아하고 지는 것을 매우 싫어한다. 2) D형 부모에게 필요한 기술 너무 급하게 답하지 않고 신중하게 해야 한다. 아이에게 지시와 평가를 줄이고 경청해야 한다. 아이와의 관계에 보다 더 주의를 집중해야 한다. 아이의 느린 행동에 대해서도 이해하도록 노력해야 한다. 자신이 틀렸거나 잘못했을 때 공개적으로 수용하도록 해야 한다. 아이에게 어떤 지시를 할 때는 자신의 입장을 충분히 설명해야 한다. 3) D형 아이의 훈육 방법 아이에게 가능한 한 많은 선택권을 부여한다. 아이에게 앞으로 나아갈 목표를 설정해준다. 부모와 아이 다 강하기에 아이와 힘겨루기를 하지 않는다. 아이가 스스로 자신을 통제하고 선택을 할 수 있도록 책임감을 부여한다. 때로는 휴식을 가지고 천천히 해도 된다는 것을 이해하도록 도와준다.	1) I형의 행동 특성 친구를 매우 좋아한다. 정리정돈을 잘 하지 않는다. 매우 창의적이고 상상력이 풍부하다. 많은 사람들과 어울리는 장소에서 편안함을 느낀다. 대중 앞에 서기 좋아하고 남에게 인정받기 원한다. 처음 만난 사람들과 대화하는 것에 어려움이 없다. 말하기를 좋아하고 다른 사람과 함께 있을 때 기분이 좋다. 어떤 일을 하다가 다 마치기 전에 또 다른 일을 벌이는 경우가 많다. 어떤 일을 할 때 다른 사람들과 다르게 특이하게 하기를 좋아한다. 2) I형 부모에게 필요한 기술 아이와의 참여 기회를 늘린다. 보다 엄격하고 단호하게 한계와 영역을 설정하여 대화한다. 아이의 특성을 무시하고 강압적으로 밀어붙이지 않는다. 3) I형 아이의 훈육 방법 아이와 함께 보내는 시간을 많이 갖는다. 아이의 감정과 성취에 대해 언급하며 격려해준다. 다른 사람을 존중하는 태도를 가르친다. 지시한 것을 행동으로 실천하도록 돕는다. 상상력을 최대한 발휘하도록 지지해준다. 아이와 함께 일을 정하고 함께 진행한다. 아이가 되고 싶은 것에 대해 함께 노력한다. 아이의 보상받을 만한 행동에 대해 즉각적 보상을 한다. 문제 해결을 할 때 구체적인 해결책을 생각할 수 있도록 돕는다.

S형 : 지지적이고 안정적인 부모, 마음이 착하고 상냥한 아이	C형 : 분석적이고 성과 중심의 부모, 차분하고 성취적인 아이
1) S형의 행동 특성 참을성이 많다. 착하고 비교적 순하다. 일반적으로 까다롭지 않다. 우정을 오래 유지하기를 원한다. 변화에 적응하기 위해 시간이 걸린다. 화가 날 때에도 가슴에 두고 참는다. 단기간의 계획 수립에 탁월하다. 도움이 필요한 사람들을 돕기를 좋아한다. 갑작스런 의사결정을 할 때 고민한다. 갈등이 생길 경우 갈등을 해소하고 평화를 유지하려 한다. 2) S형 부모에게 필요한 기술 속도를 내야 할 때에는 서두른다. 변화는 불가피하다는 것을 배운다. 느낌을 감추지 말고 이야기한다. 자신을 위해 보내는 시간도 소중하다고 생각한다. 문제에 처한 아이는 주도적으로 해결하도록 내버려둔다. 3) S형 아이의 훈육 방법 약속은 꼭 지킨다. 목표 설정을 도와준다. 느낌을 표현하도록 격려한다. 소리를 지르거나 화를 내지 않는다. 어떤 일을 하기 전에 먼저 수용해주고 공감한다. 부모에게 동의하거나 따르도록 요구하지 않는다.	1) C형의 행동 특성 목표나 이상을 높게 갖고 있다. 일을 정확하게 하기를 좋아한다. 권위와 규칙을 중요하게 생각한다. 잘못이나 실수를 허용하지 않는다. 의사결정 전에 모든 정보를 다 수집한다. 계획을 잘 수립하고 세부적으로 분석하는 능력이 있다. 중압감을 느끼거나 독촉받을 때는 그 상황을 회피하려 한다. 2) C형 부모에게 필요한 기술 열린 마음으로 자신의 감정과 느낌을 표현한다. 모든 사람이 완벽하게 할 수 없다는 것을 인식한다. 아이가 일이나 성과보다 일순위임을 기억한다. 매사에 편안한 마음으로 지니도록 노력한다. 아이와의 갈등을 피하지 말고 적극적으로 해결하도록 한다. 휴식을 가진다. 3) C형 아이의 훈육 방법 칭찬을 아끼지 않는다. 혼자 생각하는 시간을 허락한다. 완벽하지 못해도 참아내는 능력을 기르도록 한다. 의견이 맞지 않을 때는 분명한 이유를 말한다. 질문을 하거나 대화를 통해 아이와 소통한다. 아이가 어떤 일을 할 때 방해하지 않는다. 너무 높은 목표를 설정하지 않는다. 재촉하지 않고 충분히 시간을 두고 기다려준다. 아이의 질문이나 문제, 관심을 존중하고 중요한 일이라고 여겨준다.

| 부모의 코칭 역량 척도 |

문항	문항 내용	그렇다	아니다
1	나(부모)는 나의 삶의 방향성을 스스로 정한다.		
2	나는 어떤 일을 할 때 능동적으로 행동한다.		
3	나는 나의 삶의 목표를 달성하기 위해 노력하고 있다.		
4	나는 어떤 문제가 발생했을 때 스스로 문제의 해결점을 찾으려고 노력한다.		
5	나는 나 자신의 문제는 스스로 결정한다.		
6	나는 나의 강점을 알고 있다.		
7	나는 아이의 진로 개발을 위해 필요한 교육을 받는다.		
8	나는 아이를 이해하기 위하여 필요한 교육을 받는다.		
9	나는 아이의 발달 특징에 대하여 잘 알고 있다.		
10	나는 청소년기의 바람직한 부모-자녀 관계에 대한 정보를 알고 있다.		
11	나는 부모-자녀 관계에 대한 지식을 자녀와의 상호작용에 적절히 활용한다.		
12	나는 아이를 위해 필요한 교육이 무엇인지 알고 있다.		
13	나는 아이와 대화할 때 아이의 감정까지도 이해하기 위해 집중한다.		
14	나는 아이와 대화할 때 아이가 의견을 자유롭게 말하게 한다.		
15	나는 아이와 대화할 때 아이의 입장을 생각하면서 듣는다.		
16	나는 아이와 대화할 때, 의견이 다르더라도 이야기를 끝까지 들어준다.		
17	나는 아이와 대화할 때 아이가 말하지 않는 욕구도 잘 알아차리려고 노력한다.		
18	나는 아이의 목표 실천 의지를 즉각적으로 지원한다.		
19	나는 아이가 어떤 일을 '바로 지금' 실행하도록 돕는다.		
20	나는 아이가 목표 달성을 계획대로 잘 진행할 수 있도록 돕는다.		
21	나는 아이가 목표 달성을 위하여 세부적인 계획을 수립하도록 돕는다.		
22	나는 아이가 스스로 실천 가능한 계획을 수립하도록 돕는다.		
23	나는 아이가 목표를 달성하는 과정 중에 스스로 상황을 판단하도록 돕는다.		

※ 출처 : 《청소년 부모코칭역량 척도개발》, 코칭연구 12(2), 2~25, 도미향, 박은경(2019). 일부 수정하여 수록함.

체크한 응답에서 그렇다(O)가 20개 이상이면 당신은 훌륭한 부모 코치이다. 15~19개이면 좀 더 노력하면 훌륭한 부모 코치가 될 수 있다. 10~14개이면 당신은 보통 엄마이다. 9개 이하이면 좀 더 많은 변화가 필요하다.

불량 부모 vs 우량 부모

저들은 그대에게서 온 것이 아니로다

불량 부모와 우량 부모의 차이는 무엇일까? 인터넷을 검색하다가 불량 부모와 우량 부모의 특징이 떠도는 것을 읽어보고 한참이나 웃었다. 그러다 문득 나는 불량 부모와 우량 부모 중 어디쯤에 있을까를 생각해보았다.

아마 나는 매일 두 종류의 부모 사이를 오가며 수차례 넘어졌다가 일어나는 것 같다. 부모가 된 지 31년 차이지만 아직도 날마다 실패하고 날마다 성장해가면서 성공의 확률이 점점 높아져 가고 있는, '아직도 성장 중인 노력형 부모'가 현재 나의 모습이 아닌가 생각한다.

사실 많은 부모들은 자신이 이루지 못한 꿈을 아이들이 대신 이루어주기를 바란다.

"나는 예전에 좋은 대학을 못 갔으니 네가 가야 해. 너는 나보다 공부를 잘해야 해!"

그러나 이런 말은 사실 억지에 가깝다. 아이는 아이의 삶을, 부모는 부모의 삶을 사는 것인데 왜 아이가 부모의 꿈을 이루어줘야 하는 것일까? 이런 억측을 하는 것은 부모들이 아이를 마치 자신의 소유물인양 생각하기 때문이다.

살면서 흔히 들을 수 있는 말 가운데 "내 자식 내 마음대로 하는데 웬 간섭이냐" 하는 말이 있다. 정말일까? 자식이라고 마음대로 해도 될까? 아이는 비록 부모의 몸을 타고났으나 부모의 소유물은 아니다. 아이가 부모의 몸을 빌려 이 땅에 태어났다고 하더라도 사실 아이는 엄연히 독립된 인격체이지 결코 소유물이 될 수 없다.

레바논 태생의 시인이자 소설가인 칼릴 지브란(Khalil Gibran)은 〈아이들에 대하여〉라는 시에서 부모와 아이와의 관계를 이렇게 설파했다.

그들은 스스로를 갈망하는 위대한 '생명'의 아들과 딸이로다.
저들은 그대를 거쳐서 태어났을 뿐,
그대에게서 온 것이 아니로다.

그러나 이 시와는 다르게 우리는 아이가 부모의 소유라고 생각하는 경향이 강하기 때문에 여러 가지 잘못을 저지르고 있다. 그래서 반인륜적인 아동학대 사건 같은 것이 생겨나는 것이다.

"우리 집안에서는 말도 안 되는 소리예요"

이러한 끔찍한 사건이 아니라도 많은 부모들이 정서적, 언어적, 교육적으로 아이들을 학대하기도 한다.

나는 아주 오래전에 초등학교 5학년 아이에게 과외를 한 적이 있었다. 그 아이는 반에서 몇 등 안에 들 정도로 공부를 잘하고 좋은 성격에 인물도 준수한 꽤 괜찮은 아이였다. 몇 개월 동안 같이 공부를 했는데, 6학년이 된 어느 날 아이는 점점 자신감이 떨어지고 공부도 하기 싫어했다. 게다가 시험 칠 때마다 배가 아프다고 호소했다.

어느 날 그 아이의 엄마가 내게 말했다.

"시댁 집안은 애들이 다 공부를 잘해요. 조카들이 SKY 대학을 나와서 모두 의사 아니면 변호사로 일하고 있지요. 그래서 우리 큰애도 꼭 서울대 가야 하는데, 애가 글쎄! 축구선수가 되겠다잖아요. 우리 집안에서는 말도 안 되는 소리예요. 축구를 그만두라니까 애가 말을 안 듣고, 시험 칠 때마다 배 아프다고 하고, 정말 속상해요."

그래서 그 엄마도 언제부턴가 몸이 안 좋다고 했다. 나는 두 모자가 망가져가는 모습을 옆에서 생생히 지켜봤다. 지금 생각해보면 큰 인기를 끌며 장안에 화제가 되었던 SBS 드라마 〈스카이 캐슬〉의 스토리와 유사하다.

이런 엄마는 정말 '불량 엄마'라고 생각한다. 아이의 관심사에 귀 기울이지 않고, 아이와 의견을 조율할 생각을 전혀 하지 않으니 말이다. 양방향 소통을 안 할 뿐 아니라 오직 자신이 정한 길로만 아이가 가야 한다고 생각하는 엄마이다.

그 아이는 똑똑하고 마음도 깊어서 아이를 믿고 기다려주었다면 축구를 조금 하다가 스스로 자기 길을 진지하게 찾아서 돌아올 수도 있었을지 모른다. 아니면 정말 축구에 재능이 있어 유명한 축구선수로 이름을 날렸을지도 모르는 일이다. 무엇이 되었든 6학년 아이를 기다려주지 못할 일이 무엇이 있을까? 지금 생각해도 안타까운 마음이 크다.

무늬만 우량 엄마

나의 딸은 초등학교 때 '가수'가 되는 것이 꿈이었다. 친구들을 데려와서 대회에 나간다며 노래와 춤을 열심히 연습하곤 했다. 나는 그 나이에는 모두가 '소녀시대'가 되고 싶어 한다고 치부해버리고 그냥 내버려두었다. 그러다 딸아이는 중학교에 가더니 가야금 병창대회에 나가서 상을 받고 두각을 드러냈다. 그러자 선생님은 본격적으로 연습을 하고 예술고를 갈지를 놓고 진로를 결정해야 한다고 했다. 그때 나는 딸에게 물었다.

"네가 원하는 길은 뭐야?"

아이는 이렇게 대답했다.

"공부를 안 하게 되는 것은 싫고, 음악도 하고 싶어요."

그러더니 결국 아이는 공부를 택했다. 그리고 고등학교 유학 시절 학교 합창단에 소속되어 주 대표로 경연대회 등에 참여했다.

딸의 대학 진로를 위해 고2 때 진로적성 검사를 한 적이 있다. 그런데 놀랍게도 아이는 음악에 '천부적 재능'이 있다고 나왔다. 나는 너무 놀라웠다. 그냥 모든 여자아이의 관심거리로 치부해버린 가수의 꿈이 그냥 꿈이 아니었던 것이다. 그 적성 검사 결과 후 아이에게 음악을 권했더니 아이는 "이미 너무 늦었어요! 수상 등 실적 관리가 안 되어서"라고 했다.

대신 아이에게 음악치료를 전공할 것을 권했다. 지금 생각해도 나의 추천에 실소가 나온다. 나는 음악에 문외한이라 혹시 음악해서 못 먹고살까 봐 걱정하는 마음으로 음악치료를 권했던 것이다. 그러나 아이는 최고의 음악치료 대학에 합격 통지를 받았으나 그 대학에 가지 않았다. 자신이 좋아하는 것은 '음악'이지 '치료'는 아니라고 하면서.

나는 무늬만 '우량 엄마'였던 것 같다. 아이의 장래를 염려하지 않는 부모는 아무도 없을 것이다. 그러나 진정으로 필요한 것은 아이의 강점이 뭔지를 파악하고 더 많은 호기심을 가지고 아이를 바라봐야 한다. 나는 그때 더 좋은 부모가 될 수도 있었을 텐데, 흉내만 내다 헛다리를 짚은 엄마가 되고 말았다. 내가 제대로 관심을 기울였더라면 아이가 학부 졸업 후 뭘 할지 방황하지 않고 박사과정 입학 후 학교를 그만두는 일도 하지 않았을지 모른다. 뒤늦은 깨달음을 얻은 나는, 지금 딸이 하고 싶은 일을 하도록 기다려주는 역할을 열심히 하고 있다.

불량과 우량을 가르는 차이

불량 부모와 우량 부모의 차이점은 이렇게 정리할 수 있다.

| 불량 부모와 우량 부모의 차이 |

불량 부모의 특징	우량 부모의 특징
• 만사가 귀찮고 매사에 부정적이다.	• 사는 것에 긍정적이고 희망적이다.
• 사는 것에 대해 회의적이다.	• 만사가 흥미롭고 호기심에 가득 차 있다.
• 아이의 의견을 무시하고 비난한다.	• 아이의 의견을 존중한다.
• 주로 혼자 말한다.	• 주로 경청한다.
• 늘 지시한다.	• 늘 질문한다.
• 지시에 따르지 않으면 혼낸다.	• 질문에 답하면 인정한다.
• 결과를 더 중요시한다.	• 노력한 과정을 중요하게 생각한다.

몇 년 전 코칭 교육과정에서 있었던 일이다. 교육생들에게 첫인사를 건네며 2급 코칭 교육과정에 오게 된 이유를 물었다. 그중 50대로 보이는 한 엄마의 말이 무척 인상적이었다.

"저는 늦은 나이에 결혼했어요. 그래서 지금 여덟 살 늦둥이 딸아이가 있는데, 좋은 엄마가 되고 싶어서 코칭을 배우러 왔어요!"

쉬는 시간에 그 엄마의 딸에게서 전화가 왔다.

"엄마, 공부 열심히 하고 있어요? 재밌어요?"

쉴 새 없이 질문하는 아이에게 차근차근 대답해주는 그 엄마의 모습은 정말 보기 좋았다. 바로 그러한 자세가 우량 엄마의 모습이다. 좋은 엄마가 되고 싶어 코칭 교육을 받으러 왔다는 그 엄마는 분명 지금도 좋은 엄마로 성장해가고 있을 것이다. 아이와 함께 말이다.

그러면 불량 부모는? 지금도 자기가 원하는 대로 일방적으로 아이를 끌고 가고 권위를 내세우며 아이의 말과 생각에 귀를 기울이지 않는 부모이다. 아이보다 더 많이 말하고 충고하고 탐색하며 아이를 해석하고 판단하고 또 존중하지 않는 엄마이다.

코치형 우량 부모란 아이의 무한한 잠재력을 믿고 양방향으로 상호작용하는 부모를 말한다. 즉, 아이와 수평적 관계 속에서 대화하는 부모이다. 이런 부모는 아이의 말을 듣고 또 듣고 또 듣는다. 질문하고 이해하며 공감하고 인정하는 부모이다.

부모 성찰 질문

1. 당신은 아이에게 질문하는 부모인가, 충고하는 부모인가?
2. 질문하는 부모라면 어떻게 질문하고 있나?

내 역량은 어디까지인가?

다르게 생각할 줄 알았던 아인슈타인의 부모

"댁의 아드님은 더 이상 제 수업에 들어오지 않으면 좋겠어요. 아이가 계속해서 엉뚱한 질문을 늘어놓아 다른 학생들 공부에 심각한 피해를 줄 것 같습니다."

어느 날 아이의 담임선생님이 불러 이런 말을 하면 어떨까?

이 말은 '아인슈타인'의 부모가 아들의 담임선생님으로부터 들은 이야기다. 유대인 과학자로 상대성이론을 발견한 알베르트 아인슈타인은 여덟 살 때까지 열등생이었다고 한다. 그의 담임선생님은 생활기록부에 이렇게 써놓았다고 한다.

"이 학생은 공부에 자질이 없고, 앞으로도 지적 능력이 향상될 것이라고 보기 어렵다."

그러나 아인슈타인의 부모는 아이의 독창성을 발견하고 키워주려고 노력했다. 학교에서 쫓겨난 아이를 오히려 격려하고, 한 걸음 더 나아가 혹시 아이에게 장점이 될 만한 것은 없는지 찾아보려고 노력했다. 그리고 아인슈타인의 '엉뚱함'과 '집요함'을 남다른 '특별함'으로 받아들였다. 모든 사람이 각기 다른 얼굴과 성격을 지니고 있는 것처럼 재능 역시 '모두 다르다'고 생각한 것이다. 그들은 아인슈타인이 갖고 있는, 혼자서 생각하고 추리하는 능력이야말로 무척 '희망적'인 것이라고 믿었던 것이다. 그렇기 때문에 그의 생각이 다소 엉뚱하거나 터무니없어 보여도 전혀 실망하지 않고 늘 격려해주었다고 한다.

이처럼 위대한 인물들을 살펴보면 대체로 부모의 주도적 교육 철학이 존재한다. 주도적인 사람은 다르게 생각한다. 당신이 좀 더 주도성을 지닌 코치형 부모로 성장하기를 바란다면 지금까지와는 조금 다른 생각의 접근, 즉 새로운 패러다임을 가져야 한다.

다시 말해 아이에게 뭔가 좋지 않은 일이 일어났다면 그때 아이를 바라보는 관점을 '아! 너무 속상하네. 나의 아이가 겨우 이런 아이였다니 너무 실망스럽네'라는 관점이 아니라 아이에게 일어난 일을 '어떤 관점에서 바라볼까? 좀 더 긍정적 시각에서 보면 이 일은 뭘까?'라는 시각으로 바라보는 것이다.

'내 아이에게 무슨 일이 일어났는가?'보다는 '내가 아이를 위해 어떻게 행동할 것인가?'를 생각하는 것이 더 필요하다.

부모 철학이 필요하다

초등학교 2학년 아이를 둔 한 엄마는 20~30대에 소위 말해 잘 나가는 '커리어 우먼'이었다. 항공사 승무원으로 근무했으며 뛰어난 미모에 회사에서도 동료 승무원 가운데 승진이 가장 빨랐다. 결혼 당시, 그녀는 연봉이 꽤 높은 대기업 사원을 남편으로 맞아 친구들의 부러움을 샀다. 그러나 결혼 10년 차를 맞은 그녀는 현재 직장을 그만두고 전업주부로 아이를 기르며 남편 앞에서 수시로 이렇게 말하는 신세가 되었다.

"당신 만나서 내 인생이 이렇게 됐어."

이런 말을 자주 하다 보니, 당연히 남편과는 사이가 그다지 좋지 않았다. 그래서 그녀는 더욱 아이에게 매달리고 아이가 다시 자기 인생을 빛내줄 것처럼 아이에게 승부수를 걸었다.

고액의 과외와 다양한 교육을 시키며 경제적으로 부대끼는 그녀를 바라보면 씁쓸한 마음까지 든다. 자신의 삶을, 또 부모로서의 삶을 왜 주도적으로 살지 못할까라는 안타까움마저 든다. 어쩌면 많은 엄마들이 그럴지도 모른다.

당신은 부모로서 어떤 역량을 지닌 부모일까 생각해보기 바란다. '부모 역량'이란 부모로서 충분한 역할을 할 수 있는 역량을 말한다. 이때 부모로서 기본적으로 갖추어야 할 부모의 철학이 필요하다. 아이의 성장을 돕는 부모 코치로서 마음에 새겨야 할 철학은 다음의 세 가지로 정리할 수 있다.

첫째, 아이에겐 무한한 잠재력과 가능성이 있다.

둘째, 아이의 내면에는 창의적이고 창조적인 해답이 있다.

셋째, 아이는 자신을 이해해주는 파트너 역할을 하는 부모와의 상호작용을 통해 성장한다.

만약 부모가 아인슈타인의 선생님처럼 아이의 창의성, 잠재력 등을 찾아낼 역량이 되지 않는다면 부모의 역량을 더 키워나가야 한다. 아이는 항상 가르쳐야 하고, 부모의 훈육하에서만 성장한다고 믿는다면 그러한 패러다임을 바꾸어야 한다.

반사할 것인가 주도할 것인가

영국의 철학자 앨프리드 노스 화이트헤드(Alfred North Whitehead)는 "보통 스승은 말로 하고 좋은 스승은 가르치고, 훌륭한 스승은 모범을 보이고, 위대한 스승은 감화를 준다"며 교사를 네 부류로 나누었다.

당신은 아이에게 이런 말을 듣고 있는가?

"엄마, 감동이야!"

진정한 부모 코치가 된다면 감화를 주는 부모가 될 것이다. 아이의 무한한 가능성을 믿고, 아이가 스스로 더 발전하도록 격려하고 지지하는 부모가 되어야 한다.

부모는 아이의 잠재 능력을 이끌어내 아이가 현재 상태에서 원하는 상태로 스스로 도달할 수 있도록 지지하고 격려해야 한다. 아이가 자신감을 가지고 자신의 비전을 키우며 잠재력을 발휘하도록 돕는 사람이 되어야 한다.

당신의 생각과 말이 반사적(reflexive, 어떤 자극에 순간적으로 무의식적으로 반응을 보이는)인지 주도적(proactive, 어떤 자극에 대해 먼저 생각을 한 후 선택적으로 반응하는)인지 진단해보자!

반사적인 부모는 어떤 영향력을 행사하지 못한다고 생각하고, 모든 상황에 대해 남 탓을 하며 다른 사람을 비난하거나 스스로를 무기력하다고 여긴다. "어쩔 수 없어! 아이는 나를 짜증나게 해. 다 아이 잘못이야"라고 푸념한다.

그에 반해 주도적인 부모는 자신이 미칠 수 있는 영향력을 행사하고, 해결 방법을 발견한다. 그리고 다른 사람을 탓하지 않고 희망을 가진다. "나는 해결할 수 있어. 분명히 좋은 방법이 있을 거야. 내 역할만 잘해낸다면 가능해"라고 스스로 다독인다.

코치형 부모로 성장한다는 것은 부모의 주도적인 삶을 아이가 스스로 배우도록 하는 것이다. 아이가 행복한 삶을 살기를 바란다면 코치형 부모가 되어보자. 자신의 아이에게는 무한한 잠재력이 있다는 자기만의 부모 철학을 가지고, 주도적인 언어를 사용해보자.

부모 성찰 질문

1. 부모로서 어떤 철학을 가지고 아이를 양육하고 있는가?
2. 아이에게 주도적인 언어를 사용하고 있는가?

아이가 원하는 것과 부모가 원하는 것

아빠와 보내는 시간 '하루 6분'

아동복지기관인 초록우산어린이재단이 작년에 발표한 자료에 따르면, 우리나라 아이들이 하루 중 가족과 함께 보내는 시간은 평균 '13분'이라고 한다. 또한 우리나라 부모가 미취학 아동 자녀와 보내는 시간은 하루 48분으로 경제협력개발기구(OECD) 국가 평균(150분)과 큰 차이를 보인다. 특히 아버지가 아이와 보내는 시간은 하루 평균 6분에 불과하다고 발표했다. 그리고 초등학교를 다니는 자녀를 둔 부모가 아이와 매일 대화를 나눈다고 응답한 비율(약 54%)도 OECD 국가 평균(70%)과 비교하면 한참 낮은 수준이라고 했다.

이러한 내용을 보면 우리 부모들은 말로는 정말 아이들이 세상의 전부인 듯 대하고 아이를 위해서라면 하늘의 별도 따줄 것 같이 행동하지만 정작 아이들과의 소통을 위한 노력은 다하지 않는 듯하다. 아마 그러한 소통보다 공부 잘하는 것과 좋은 대학 가는 것, 좋은 곳에 취업하는 것에 온통 관심이 쏠려 있기 때문일 수도 있다.

그런데 우리나라 부모들의 이 같은 나쁜 성적표에도 불구하고, 아이들은 '화목한 가정'을 행복을 위한 조건 1위로 꼽았다. 평소 행복을 느끼는 장소 가운데 1위를 차지한 곳도 집이었다. 아이들에게는 이만큼 화목한 가정과 집이 정말 중요하다는 사실을 알 수 있는 대답이었다.

아이들이 진정으로 원하는 것은 부모의 사랑이다. 자신을 이해해주고, 함께 놀아주고, 마음을 읽어주는 것. 그래서 화목한 가정 속에서 행복하게 살아가는 것이다. 그러나 부모가 원하는 것은 좀 다르다. 아이의 우수한 성적, 더 많은 성과, 다른 아이보다 뭐든지 더 잘하는 것, 결과 등이 더 앞서는 듯하다.

이러한 조사 결과에서도 알 수 있듯이, 아이가 원하는 것과 부모가 원하는 것 사이에는 큰 간격이 있다. 이러한 간격을 메우기 위해서는 부모의 역할이 중요하다. 그러나 정작 부모로서 어떤 역할을 해야 하는지를 아는 부모들은 많지 않은 것 같다. 어렸을 적 흥얼거리던 "어른들은 몰라요~"라는 노랫말 가사처럼.

가난한 자들의 어머니의 가르침

한국의 어떤 사람이 외국에서 봉사를 하기 위해 캘커타의 '사랑의 집'에 갔다고 한다. 그곳에는 마침 전 세계적으로 유명한 마더 테레사 수녀가 있었다.

처음에 그는 봉사활동에 관심이 없었지만 하루 이틀 아이들을 씻기고 빨래하고 밥 짓는 봉사를 하다 보니 어느새 몇 개월이 흘렀다. 소외받는 이들을 돌봐주고 그들과 함께 웃을 수 있다는 것이 그에게는 큰 기쁨이 되었다. 그리고 그곳에 늘 묵묵히 계시는 마더 테레사에 대한 존경과 호기심도 생겼다. 테레사 수녀를 가까이에서 볼 수 있었던 그는 미사 내내 웅크린 채 기도만 하는 테레사 수녀에게 이렇게 물었다.

"수녀님이 하시는 일이 정확히 무엇입니까?"

그러자 테레사 수녀는 이렇게 말했다.

"제가 하는 일은 사람들에게 자신이 버려진 존재가 아니라는 사실을 느끼도록 해주는 것입니다. 진정으로 그들을 사랑하고 받아주는 사람이 있다는 것을 살아 있는 몇 시간 동안만이라도 느끼고 알 수 있도록 하는 일이지요. 또한 자기를 위해 인생을 바치는 당신과 같은 젊은이들이 있다는 사실을요."

이 일화에서 알 수 있듯 테레사 수녀는 존재감이 없던 사람들을 완전한 존재로 바라본 사람이었다. 그들의 존귀함을 스스로 알도록 일깨워준 성인이었다. 아무런 능력이 없어 보이는 어린아이를 무한한 능력을 갖춘 존귀한 존재로 바라보고 완전한 사랑을 실천했던 테레사 수녀와 같은 태도가 바로 세상의 모든 어머니들이 갖추어야 할 태도이고 위대한 코치의 모델이다.

자신을 닮은 딸 바라보기

예나 엄마는 늦은 나이에 결혼해서 아홉 살 딸 예나를 키우고 있다. 엄마 껌딱지 예나 덕분에 하루가 어떻게 지나는지 모를 정도로 바쁘지만 예나가 마냥 사랑스럽다. 예나 엄마는 결혼 전부터 비만으로 평생 다이어트를 하고 살아왔다. 결혼 즈음 20킬로그램을 감량하여 식을 올렸으나 예나를 출산하고는 25킬로그램이 다시 쪘다.

예나네 집을 가보면 정리 정돈이 제대로 안 되어 있을 때가 많다. 싱크대에도 설거지가 늘 쌓여 있다. 예나는 엄마와 같은 체질이고, 성격 또한 비슷하다고 예나 엄마는 말한다.

"예나는 저 어릴 때랑 똑같아요."

예나 엄마는 늘 예나가 게으르고, 숙제하기를 싫어하며, 친구 관계에서도 소심하다고 걱정을 한다. 자신의 어린 시절처럼…….

예나 엄마의 사례를 보니 어떤 생각이 드나? 예나 엄마는 딸을 사랑하면서도 아이를 바라보는 관점은 아주 부정적이다. 자신도 부지런하지 않으면서 아이에게는 부지런하고 꼼꼼하기를 바라는 마음도 크다. 무엇보다 예나를 긍정적으로, 그 존재 자체로 바라보는 관점이 많이 약하다.

예나 엄마와는 다르게 아이의 존귀함을 그대로 인정해주는 자세가 필요하다. "우리 아이는 아주 느긋하고, 다른 것에 관심이 많고, 독립적인 아이다"라고 아이의 존재 자체에 대해 인정해줄 때 예나도, 또 예나 엄마도 훨씬 긍정적으로 생활할 수 있게 될 것이다.

하버드 대학교에 간 한국 엄마들

1장에도 소개했듯이 클라크 총장의 하버드 대학교 졸업식 연설은 어머니에 대한 존경과 제자들에 대한 응원의 말로 끝을 맺는다. 그는 어머니가 자기 존재의 특별함을 늘 일깨워주셨으며 바깥에 나가서도 자신이 늘 존귀하며 영향력 있는 사람임을 느끼도록 했다고 고백했다. 그래서 어떤 일을 할 때라도 자신이 누구인지 기억하려 애썼고 이것이 자신에게서 놀라운 에너지와 열정을 끌어내 주었다고 밝혔다. 학생들은 클라크 총장의 진심어린 당부의 말을 듣고 많은 감동을 받았으며 동시에 총장의 뒤에서 그의 존재감을 일깨워준 어머니에게 존경의 마음을 품었다.

물론 어떤 사람들은 생존경쟁 시대에 살고 있으면서 무슨 존재 타령이냐고 일축할 수도 있다. 실제 한국 엄마들의 이 같은 사고는 하버드 대학교 강당에서 일어난 한 해프닝에서도 잘 드러난다.

언젠가 하버드 대학교 강당에서 한국 엄마들을 대상으로 학교 소개 행사가 열렸다고 한다. 준비된 소개 행사가 끝나고 질문하는 시간이 되자 한 엄마가 손을 번쩍 들었다.

"하버드 대학교에 입학하려면 몇 점을 받아야 하나요?"

사실 이 질문은 한국의 다른 엄마들도 무척 알고 싶어 하던 부분이기도 했다. 그러나 질문은 받은 담당 교수는 이렇게 답변했다.

"하버드는 점수로만 입학할 수 있는 학교가 아닙니다. 하버드는 미국을 일으켜 세울 예비 지도자가 입학하는 곳입니다."

이 대답에 엄마들의 반응은 어땠을까? 그러나 질문한 엄마나 이를 지켜보던 다른 엄마들도 멋쩍었을 법한 대답에 오히려 한국 부모들은 "정확한 기준도 없이 학생을 선발한다는 것은 세계적인 대학에 맞지 않는 행태이다"라고 항의했다고 한다.

무한경쟁시대, 특히 4차 산업혁명의 변화무쌍한 시대를 맞아 많은 부모들은 해답을 알지 못해 중심을 잃기 쉽다. 누구보다 귀하고 소중한 아이이기에 더욱더 경쟁력을 갖춘 아이로 탈바꿈하기 원하는 마음에서 끊임없이 '누구처럼 되라'고 강조하는 이유도 다 여기에 원인이 있다.

그러나 자신의 아이를 완전히 성숙하고 능력 있는 존재로 보고 매일 그 존재를 잊지 않도록 격려하고 지지한 킴 클라크의 어머니는 아들을 세계에서 가장 뛰어난 인재를 양성하는 하버드 대학교의 총장으로 만들었다. 어머니의 믿음대로 킴 클라크는 완벽하게 자기 존재 가치를 실현한 것이다. 킴 클라크 어머니의 말은 하버드 졸업생들의 마지막 수업마다 언급되면서 수많은 세계 리더들에게 지금도 여전히 큰 영향력을 미치고 있다.

부모의 새로운 역할을 위해

우리에게 정말 소중한 것이 아이들의 성적인지 아이들 자체인지를 생각해보자. 제일 소중한 것을 위해 좀 덜 소중한 것은 뒤로 미루어두자.

이를 위해 아이를 다그치지 말고, 아이와 함께 즐기며 정말 소중한 것이 무엇인가를 생각해보면 어떨까? 아이들이 하나씩 무언가를 성취해가도록 존중해주는 일은 아이에게 무엇보다 큰 선물이 될 것이다.

아이는 어른과 마찬가지로 그 자체로 인정받기를 원한다. 부모에게 아이는 그 존재만으로도 소중하고 사랑스러운 존재가 되어야 한다. 이 존재의 가치를 위해 아이가 태어났던 그 순간을 떠올려보면 어떨까?

어릴 적 부모님께 듣고 싶었던 말은 어떠한 것이었는지를 떠올려보는 것도 아이의 소중함을 일깨울 수 있는 방편이 되어줄 것이다. 그리고 어떻게 아이의 재능과 능력을 가장 잘 인정해주고 격려해줄 수 있을까를 늘 고민한다면, 이미 당신은 훌륭한 부모 코치이다.

코칭하는 부모는 어떻게 하면 아이가 좀 더 세상을 신나게 살아갈까를 함께 나누고, 아이가 선택한 결정을 기뻐해주고 축하해줌으로써 아이의 숨어 있는 잠재력이 행동으로 나오도록 도와주는 부모이다.

한번 상상해보자. 아이가 세상 속에서 뒤처질까 노심초사하며 근심 어린 눈으로 쳐다보는 부모와 아이와 함께 즐거워하면서 격려하고 지지해주는 부모 중 당신은 어떤 부모가 되고 싶은가?

이제 부모는 새로운 시대를 살아갈 아이를 위해 기존의 사고방식을 과감히 버리고 코치가 되어야 한다. 인내심을 가지고 아이들을 주의 깊게 관찰하고, 경청과 질문을 통해 끊임없이 대화해야 한다. 아이들을 존재 자체로 인정함으로써 아이 안에 숨어 있는 잠재력을 끌어내 용기 있게 뭔가를 시도할 수 있도록 친구 같은 파트너십을 발휘해야 한다. 이러한 코치 부모를 통해 아이들은 인생에서 만나는 무수한 상황들을 스스로 해결해나가는 주도적이고 창의적인 인재가 된다. 4차 산업혁명의 새로운 시대에는 '코치'가 바로 부모의 새로운 역할이다.

부모 성찰 질문

1. 아이가 훗날 부모가 되어 당신을 어떤 부모로 기억해주길 원하는가?
2. 최근 아이에게 건넨 인정과 칭찬의 말은 무엇이었나?

아이의 행동에서 감정, 신념, 존재 발견하기

믿어주는 사람 한 명만 있어도

세상에는 두 종류의 사람이 있다. 같은 스트레스를 받는 상황에서도 그 압박을 이기지 못해 힘들어하는 사람과 이를 극복하고 이겨내는 사람. 두 사람은 스트레스를 받아들이는 방식과 행동 면에서 많은 차이가 난다.

스트레스에 무너져서 외상후 스트레스 장애(PTSD)를 겪으며 힘들게 사는 사람 가운데는 압박감이 심해져 세상을 원망하고 탓하는 지경에까지 이르는 사람이 있는가 하면 반대로 스트레스를 딛고 더 큰사람으로 성장하는 사람이 있다.

세계적으로 매우 큰 영향력을 끼치는 방송인 오프라 윈프리(Oprah Gail Winfrey)는 사생아로 태어나 엄마에게 버려져 불우한 어린 시절을 보냈다. 9세 때 이미 사촌으로부터 성폭행을 당했으며 열네 살에 미혼모가 되고 그렇게 태어난 아들이 생후 2주 후 사망하는 고통도 겪었다. 그러나 불행과 가난의 역경 속에서도 윈프리는 자기 삶에 대한 주인의식을 가지고 스스로 좋아하는 일에 최선을 다해 '성공'과 '행복'이라는 두 마리 토끼를 잡았다. 오프라 윈프리가 힘든 시절을 잘 견뎌낼 수 있었던 힘은 어릴 때 자신을 키워주신 외할머니가 자신에 대한 믿음과 정신적 지지를 보내준 덕이라고 한다. 그 믿음과 지지 덕분에 그녀는 꿈을 가지고 앞으로 나아갈 수 있었다고 한다.

멈추고, 생각하라

아동교육 전문가로서 부모 교육을 하다 보면 많은 부모들이 하는 질문이 있다.

"아이가 자기주장만 고집하면서 화를 내거나 할 땐 어떻게 해야 할까요?", "무슨 말만 하면 화부터 내는 아이와 어떻게 소통을 하면 좋을까요?"

이런 상황에서 부모 코치인 나는 아이의 감정을 읽어주는 감정 코칭을 먼저 해보라고 권한다. 아이가 자신의 주장만을 고집하며 화를 내는 경우 많은 부모들이 하는 흔한 실수는 아이의 감정은 무시한 채 아이의 행동을 고치려고 한다는 점이다.

그때 나는 자기조절을 하는 방법인 'Stop-Think-Choose' 기법을 사용한다. 이것은 멈추고 생각한 후에 선택한다는 뜻이다. 사람들은 대개 안 좋은 자극이 들어오면 곧바로 부정적인 반응을 내보인다. 보복운전 등이 대표적인 유형이라고 할 수 있다. 그렇지만 자극이 주어졌을 때 이에 반응하기까지는 스스로 선택할 수 있는 자유가 있다. 어떻게 반응할지를 선택하는 자유 말이다.

중1이 된 내 아들은 누가 시춘기 아니랄까 봐 늘 예민하게 날이 서 있다. 아침에 지각한다고 조용히 말하며 몇 번 깨우다가 늦을까 봐 소리쳐서 깨우면 '소리쳤다'고 뭐라고 하고, 건드리면 '건드렸다'고 야단이다. 정말 민감한 청소년의 눈치를 안 볼 수가 없다. 그러다 보면 엄마 입장에서는 자연히 화가 날 수밖에 없다.

해외로 가족 여행을 가는데 교복 외에는 마땅히 입을 바지가 눈에 띄지 않아 아이와 함께 옷을 사러 갔다. 아이는 굳이 바지를 한 개만 사겠다고 한다. 나는 두 개를 사라고 권했다. 날마다 아이의 키가 크다 보니 집에 있는 옷들이 다 작아져서 아이가 번갈아가며 입을 수 있게 하기 위해서였다. 그러나 아이는 한사코 한 개만 사겠다고 우기며 자기주장만 했다. 이럴 때 나는 사실 화가 난다.

그러나 나는 멈추고(Stop), 생각했다(Think).

'아이는 왜 옷을 안 사려고 하지?', '돈을 아끼기 위해서인가?', '바지가 마음에 쏙 들지 않아서인가?'

아무튼 중요한 사실은 아이는 원하지 않는다는 것이었다. 나는 아이의 마음을 존중해주기로 선택했다(Choose). 바로 이렇게 하는 것이 Stop-Think-Choose의 방법으로 'S-T-C 기법'이라고 한다.

당신도 매 순간 아이와의 관계에서 감정이 부글부글 끓어오름을 느낄 것이다. 그때마다 감정대로 다 쏟아내 버리면 아이와의 관계는 마이너스(-) 상태로 치달을 것이다. 즉, 뭔가 나에게 공격이 들어오면 바로 대응적으로 반응하는 수비의 자세를 취하게 된다. 그러나 더 먼저 할 일은 일단 반응을 멈추는 것이다. 그리고 왜 이런 일이 일어났는지 생각하고, 그 다음에 대처 방법을 선택해야 한다.

가장 먼저 화내는 아이를 바라보는 부모 자신의 솔직한 감정을 알아차려야 한다. 그리고 나서 아이의 감정을 공감해줘야 한다.

| 빅터 프랭클(Viktor E. Frankle)의 자기조절 역량 |

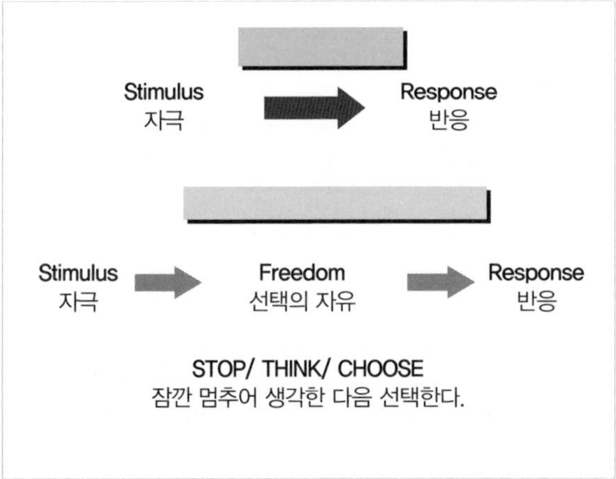

파란색은 반응까지의 공간을 말한다.

그런데 부모 자신의 감정을 알아차리는 것이 좀처럼 쉽지는 않다. 이럴 때는 먼저 멈춰라. 그리고 심호흡을 하고 생각하라. 생각이 정리되면 아이를 어떻게 코칭할 것인지 선택하면 된다.

가족 여행에서 있었던 일이다. 중1 아들과 남편이 사진 찍는 것으로 계속해서 신경전을 벌였다. 아들은 사진을 안 찍겠다고 하고, 남편은 기념으로 남기려면 사진을 찍어야 한다고 했다. 둘은 어느 한쪽도 전혀 양보하지 않아 분위기가 점점 악화되어갔다.

상황을 개선하기 위해 나는 아들에게 물어보았다.

"왜 그렇게 사진 찍는 것이 싫어?"

"그냥 가만히 서 있는 게 싫어! 사람들 앞에서 멈추 있는 것도 싫고. 게다가 아빠는 엄청 느리게 찍고 또 찍고, 아무튼 싫어!"

그러자 아빠는 이렇게 말했다.

"도대체 왜 싫다는 거야? 기록을 남겨야지. 이렇게 멋있는 데 와서. 빨리 서. 빨리!"

나는 어른인 남편에게 "아이의 입장을 이해하라"고 말했다. 그리고 아이에게 다음과 같이 말해달라고 남편에게 요청했다.

'아빠는 서윤이랑 동유럽까지 왔는데 다음번에는 기회가 없을지도 모를까 봐 같이 기념하고 싶어서'라고.

남편은 나의 말을 '수용'하기로 했으나 아들에게 이 말을 표현하지는 않았다. 남편의 신념이 바뀐 것이 아니었기에 사진 찍는 것에 관한 실랑이는 여행이 끝날 때까지 계속 이어졌다.

이처럼 아이의 감정을 읽어주고 그 안에 숨어 있는 아이의 생각을 알아주고 아이를 있는 그대로 대해주는 것은 결코 쉬운 일이 아니다. 사실 감정은 자신의 욕구가 받아들여지지 않거나 자신의 신념과 부딪히는 상황에서 발생하는 경우가 대부분이다. 그럴 때 아이의 행동만 먼저 보게 되면 그 행동을 자꾸 고쳐주고자 하는 욕구가 앞서게 된다. 그래서 그때마다 말하면 아이는 그것을 바로 잔소리로 받아들이는 반면, 부모 입장에서는 소위 말해 '훈육'을 하는 것이라고 생각하고 아이가 자기 뜻에 매번 반발만 한다고 더욱 화가 나게 된다. 이러한 훈육의 결과는 긍정적이기보다는 부모와 아이 둘 다 원치 않는 방향으로 갈 가능성이 높다.

코치 부모로서 가장 먼저 해야 할 일은 아이가 불편한 감정을 드러내거나 불편한 행동을 할 때 아이의 감정을 먼저 헤아려주고 아이의 욕구를 읽어주는 것이다. 아이의 욕구를 부모가 알아주는 것만으로도 아이는 부모가 자신을 존중하고 있다는 사실을 깨닫게 되며 서로 원하는 것들을 조율할 힘이 생긴다.

부모가 먼저 자신을 통제하고 감정과 신념을 헤아리는 셀프리더십을 발휘해야 성숙한 어른으로 아이와 소통할 수 있다. 그때 아이는 자신의 진짜 감정을 드러내고 무엇 때문에 그렇게 행동했는지 생각하는 기회를 가지게 된다. 이러한 과정을 통해서 아이는 좀 더 현명한 선택을 하고 주도적으로 행동하게 된다.

부모 성찰 질문

1. 당신의 아이가 '어떠한 상황에서도 자신을 믿어주는 존재'로 당신을 선택하는가?
2. 당신은 못마땅한 아이의 행동에 어떻게 반응하고 있는가?

부모의 기본 원칙을 파악하자

방향 없는 전력 질주는 그만두자

부모 교육 강의를 나가면 자주 듣는 질문이 있다. “아이를 잘 키우는 방법은 뭔가요?”이다.

이러한 질문에 답하기 위해서는 먼저 생각할 것이 하나 있다. 바로 ‘우리는 어떻게 살아야 하는가?’이다.

우리는 대부분 하루하루를 열심히 살아간다. 그런데 어떤 원칙이나 기준을 갖고 살아갈지에 대해서는 별로 생각을 안 한다. 그냥 매일 매일을 열심히 살면 된다고 생각한다. 그리고 어떤 위기나 갈등 상황이 생기면 힘들어하고, 서로 부딪히고, 좌절하기도 한다.

만약 아이를 우리가 인생을 살아가듯 그렇게 기르다 보면 좋으면 좋은 대로, 화가 나면 화가 나는 대로 그냥 닥치는 대로 아이를 기르는 꼴이 된다. 물론 그 가운데 여러 가지 자녀 양육을 위한 좋은 기술을 익혀서 실력 발휘를 하기도 하지만 어떤 때는 앞이 딱 막히기도 한다.

그래서 우리가 생각해봐야 하는 것은 '삶의 원칙과 방향'이다. 기본적인 삶의 방향을 지니고 살아가는 삶과 닥치는 대로 살아가는 삶의 결과는 확연히 다르다.

그러면 부모는 어떤 원칙하에서 아이와 함께 살아가야 할까?

사실 많은 부모들은 아이에게 "인생은 마라톤이니 꾸준히 천천히 나아가야 한다"라고 말한다. 그러면서도 한편으로는 아이가 중고등학생이 되면 전력 질주를 한다. 부모인 자신의 생각이 옳다고 믿으며 아이의 손을 잡고 앞만 보고 온 힘을 다해 달리는 것이다. 그런데 이 같은 질주에 방향과 기본 원칙, 목적이 없는 경우가 태반이다. 좋은 대학에 가야 한다는 목표 중심, 1등을 향해 가고자 하는 성과 중심을 향해 달리다 보면 부모와 아이의 관계는 깨지고 소통은 어긋난다.

만약 당신이 멋진 곳을 가기 위해 비행기에 탑승 중이라고 가정해보자. 그때 항공기의 기장이 이렇게 말한다.

"여러분 안녕하세요. 저는 15년 차 베테랑 기장입니다. 오늘 날씨도 좋고, 바람 방향도 순항입니다. 그래서 우리는 비행기의 기름이 다 떨어질 때까지 최선을 다해 날아가고자 합니다. 언제, 어디서 도착할지는 정하지 않았지만 열심히 달려가겠습니다. 편안한 여행 되세요."

당신이 기장의 이런 안내 방송을 듣는다면 어떤 마음이 들까? 아마 몹시 불안하고, 비행시간 동안 절대 편안하지 않을 것이다.

"여러분 안녕하세요. 저는 15년 차 베테랑 기장입니다. 오늘 날씨도 좋고, 바람 방향도 순항입니다. 우리 비행기는 열 시간 후에 시애틀 공항에 도착할 예정입니다. 우리의 속도는 시속 900킬로미터입니다. 목적지까지 여러분을 안전하게 모시겠습니다. 편안한 여행 되세요."

이런 안내 방송은 당신을 편안한 비행이 되도록 만들 것이다.

부모도 아이와 인생을 운항 중이라고 한다면 앞선 기장처럼 무작정 최선을 다해 가는 것이 아니라 '원칙과 방향'을 정하고 앞으로 나아가는 게 당연하지 않을까?

아이를 중심에 두자는 원칙

큰 이슈가 되었던 드라마 <스카이 캐슬>은 아이의 입시 성적이 곧 엄마 성적표가 되는 세태를 그리며 온 가족이 명문대, 특목고 진학을 위해 경주에 뛰어드는 내용을 다루었다. 그 경주의 끝에는 반드시 결승점이 있고 결승점만 통과하면 성공한 미래가 보장된다고 생각하면서 말이다.

그런데 그들이 옳다고 믿는 성공 트랙에서 아이가 일탈한다면, 부모의 말을 잘 듣지 않고 자기 뜻대로 하고자 한다면, 비싼 돈을 들여 사교육을 시켰는데도 좋은 성적이 나오지 않는다면…… 이것은 실패일까?

만약 지금이 20년 후라면 그때도 지금처럼 똑같이 명문대를 가야 하고, 성적에 쩔쩔매야 하는 상황일까? 시대는 바뀌어가고 있고, 사라지는 직업도 엄청 많은 시대에 살고 있다. 부모의 미래를 살아갈 아이들에게 좀 더 다른 접근 방법, 원칙이 필요하다.

부모의 기본 원칙은 아이를 중심에 두는 것이다. 보통 부모 교육을 할 때 이 세상에서 가장 소중한 것이 무엇이냐고 물어보면 엄마들은 한결같이 '아이', '가족'이라고 한다. 그런데 그 소중한 아이가 낮은 성적을 받아온다면 소중한 아이에 대한 생각은 다 사라지고 성적에 올인한다. 사실 아이의 성적은 더 잘 살기 위한 하나의 수단이기에 중요하지만 소중한 것이라고 할 수는 없다. 그러나 우리는 살면서 자주, 많이 혼동하며 살고 있다. 소중한 것과 중요한 것의 차이를 생각해보면 좀 더 쉽게 이해할 수 있다.

코칭을 하다 보니 어떤 아빠가 말했다.

"아이들이 아빠가 어떤 존재인지 잘 몰라요."

"왜 그런 일이 벌어졌나요?"라고 질문했더니 몇 년 동안 돈 버느라 하루 세네 시간 자고, 집에는 거의 한 달에 한 번 정도 갔다고 했다. 나는 코칭 질문을 했다.

"아이가 다 큰 후에 아빠를 어떤 사람으로 기억할까요?", "아이에게 어떤 아빠가 되고 싶으신지요?", "당신에게 가장 소중한 것이 무엇입니까?", "당신은 지금 그 중요한 일들을 언제까지 하고 싶나요?"

그는 나의 질문에 정신이 번뜩 났다고 한다. '중요한 것보다 소중한 것을 지키기 위해 살아야겠다'고.

아이의 의견, 아이의 생각, 아이의 존엄성을 가장 중심에 두는 것이 부모의 원칙이다.

나는 큰아이가 어릴 적에 아이가 정말 원하는 것에 귀 기울이지 않고, 아이를 더 잘 제압하고, 더 잘 다루는 것에만 집중했다.

'어떻게 하면 내 말을 더 잘 듣게 할까? 아이의 고집을 어떻게 꺾을까?' 늘 이렇게 생각하고 행동했다. '우리 아이가 무엇을 생각하고 있을까? 아이가 원하는 것은 무엇일까?'라고 생각했어야 했는데 말이다.

아이의 존재 자체에 집중하는 것이 바로 부모가 취해야 할 방향인데도 말이다.

자기 몸에 맞는 역할 하기

실패한 경험이 있거나 자존감이 바닥을 친 아이들은 자신을 믿어주는 단 한 사람만 있어도 다시 시작할 수 있다. 평생 그러한 단 한 사람이 바로 부모일 것이다. 그러니 너무 조급해하지 말고 기다리고 또 기다려주자. 아이들이 자기 자신의 모습 그대로 자기답게 살 수 있도록 자존감을 살려주며 아이들의 눈높이에 맞추어 소통하자. 부모와 아이의 수평적 관계에서 대화를 시도해보고, 아이의 존재 자체를 인정하고 이해하자. 이러한 작은 일부터 실천하고 변화를 준다면 목마를 때 물 마시면 행복하고 배고플 때 밥 먹으면 행복하듯이 그렇게 될 수 있다. 기대가 낮으면 행복해지고, 욕심을 버리면 행복해진다.

엄마라는 위대한 직업을 가지고 엄마 역할을 즐겁게 하며 옆집 엄마와 비교하지 말고, 평생 다른 집과 비교하며 저울질하지 말아야 한다. 자기 몸에 맞는 엄마 역할을 해야 하며, 아이 역시 엄마 몸에 맞는 자식이 아니라 자기 몸에 맞는 자식 노릇을 하도록 키워야 한다. 자기 몸에 안 맞는 삶은 견뎌내기가 어렵다. 아이들은 부모와 같이 살기 위해 태어났지 엄마에게 트로피 주려고 태어난 것이 아니기 때문이다.

이렇게 하기 위해서는 아이만 선행학습이 필요한 것이 아니라 부모도 선행학습이 필요하다. 엄마와 아빠 사이에서도 아이를 바라보는 관점과 기본 방향은 동일할 것이라고 생각하지만 실제는 전혀 다른 방향과 생각을 가지고 있을 수도 있다. 그리고 이러한 차이를 서로 이해하지 못하고 아이 때문에 다투기도 하고 갈등을 겪는 부부도 많다. 그래서 부부간에도 아이를 기르는 기본 원칙에 관한 합의가 필요하다. 아빠는 엄격하게, 엄마는 너그럽게 아이를 대하는데 그것이 격차가 클 때 부부는 힘들 수밖에 없다. 부모 자신의 양육 배경도 아이 양육에 대한 기본 원칙에 영향을 미치기도 한다.

나 또한 아이들 양육에 관한 기본 원칙이 남편과 달라 그 차이를 메우기가 쉽지는 않다. 지금도 여전히 중학교 1학년 아들을 바라보는 우리 두 사람의 관점 차이는 무척 크다. 나는 아이가 스스로 하도록 기다려주기를 바라지만, 남편은 아이를 기다리지 않고 자신의 뜻대로 움직이기를 바란다.

이렇듯 부모는 누구나 될 수 있지만 부모 역할의 기본 방향을 바라보는 관점, 생각에는 차이가 있다. 부모의 기본 원칙을 생각하고 자기 아이에게 진정으로 필요한 부모의 방향이 뭔지를 생각하는 것이 부모 역할의 출발임을 잊지 말아야 할 것이다.

부모 성찰 질문

1. 당신은 자녀 양육에 원칙을 가지고 있는가? 있다면 아이도 알고 있는가?
2. 당신의 아이가 원하는 부모는 어떤 존재인가? (아이와 대화를 통해 알아보자!)

부모의 자기혁명 프로젝트

양육의 좌표를 찾자

보통의 부모들은 하루하루를 다 열심히 살아간다. 그러나 부모로서 아이에게 어떤 모습으로 기억되고 싶은지 크게 고민하는 사람은 흔치 않다. 또 '나는 어떤 부모가 되어야겠다. 아이에게 이런 모습은 보여주지 않아야겠다'고 다짐하는 부모도 많지 않다.

이런 측면에서 볼 때 우리는 부모로서 어떤 방향과 목적을 가지고 아이를 대하고 아이를 양육할지 방향을 설정할 필요가 있다.

나는 가끔 조용히 생각을 정리하고, 한 주의 계획을 메모하기 위해 카페를 찾는다. 그런데 오전 시간 조용한 동네 카페를 찾았다가 아이들과 함께 온 젊은 엄마 부대를 만나 곤란을 겪은 적이 몇 번 있다. 아이들이 공공장소에서도 아랑곳없이 마구 뛰어다니고 소리를 지르는데도 동반한 엄마들이 자신들의 대화를 이어가느라 아이들을 제지하지 않고 방치할 때가 그렇다. 엄마들은 주변 손님들의 찡그린 표정 따윈 관심이 없는지, 그다지 신경을 쓰지 않는 모습이었다. 나도 두 아이의 양육자이지만 좀 심하다는 생각이 들었다.

부모가 아이를 양육할 때는 큰 방향을 세우고 있어야 한다. 예를 들면 남에게 피해를 주는 아이로 키우지 말자든지 기본적인 예의범절을 지키는 아이로 키우자든지 하는, 등대와 같은 좌표를 제시하는 중심 방향이 있어야 한다. 이것을 나는 '부모 코칭 혁명'이라는 단어로 부른다. 혁명은 누에가 나비가 되듯이 '대변혁'을 하는 것을 뜻한다. 영화 〈트랜스포머〉의 범블비를 비롯한 로봇들처럼 자동차로도, 로봇으로도, 라디오로도 완전 탈바꿈하는 것이다.

홀시어머니를 모시고 사는 나의 제자는 아이의 교육 문제로 시어머니와 갈등을 빚고 있다. 70대 시어머니는 초등학생인 손녀딸에게 시어머니 세대의 무조건 외우기식 학습 방법을 요구하고, 제자는 4차 산업혁명 시대에 맞는 교육을 하고자 전쟁을 벌이고 있다고 한다. 시대가 변하고 그 시대가 요구하는 인재의 유형 또한 변하기 때문에 부모부터 대변혁, 혁명적 관심을 가지고 스스로 자신을 탈바꿈하고, 자녀 양육의 방향 또한 혁명적인 변화를 계획해야 한다.

생각하는 습관들이기

그럼 이러한 변화는 어떻게 할까?

《성공하는 사람들의 7가지 습관》(김경섭 옮김, 김영사, 2017)의 저자 스티븐 코비(Stephen R. Covey)는 "끝을 생각하며 시작하라"고 한다. 부모로서의 꿈과 목표를 세우고, 계획하는 비전의 습관을 강조하는 것이다. 이것이 부모 혁명의 기본 패러다임이며, 그 방법은 바로 '코치형 부모되기'다.

코치형 부모는 그동안의 부모 유형과는 접근 방법이 매우 다르다. 다시 말해, 아이를 바라보는 시각부터 바꿔야 한다. 생각의 전환이 필요하다. 아이의 어떤 행동에 대해 긍정적 관점에서 왜 그런 일이 일어났는지부터 생각하고, 어떻게 반응할지를 선택하는 것이 필요하다. 즉, 아이로부터 어떤 자극이 오면 즉각적으로 반응하지 않고 생각하는 시간을 갖는다.

"엄마, 나 오늘 피곤해서 학원 안 갈래."

만약 아이의 이 말에 단 1초의 망설임도 없이 "너는 심심하면 학원 안 간단 소리를 하니?"라고 반응하는 엄마라면, 코치형 부모와는 멀리 떨어진 유형이라고 생각해야 한다.

아이가 이렇게 요구한다면 우선 즉각적으로 반응하기보다는 생각하는 부모의 모습을 보여야 한다. 먼저 아이에게 이렇게 물어본다.

"우리 OO, 오늘 많이 피곤하구나! 오늘 학원 안 가면 선생님이 왜 안 왔는지 궁금해하실 텐데 어떻게 하지?"

코치형 부모는 이처럼 아이와 소통하는 모습을 보여야 한다. 기존과는 다른 모습의 변화가 일어나야 한다. 이 같은 변화는 쉽지 않고 또 완전히 새롭게 바뀌어야 하기에 '혁명'이라고 부를 법하다.

자기 사명 제대로 알기

이런 혁명이 오기 위해서는 몇 가지 밑받침이 있어야 한다.

첫째, 부모가 아이를 어떻게 바라보느냐에 따라 결과가 달라지므로 아이를 바라보는 시선을 바꾸어야 한다.

"우리 애는 안 돼요. 모든 하는 짓마다 엉뚱하고"라면서 아이를 부정적인 시선으로 바라본다면 아이는 부모 말내로 그렇게 될 것이다. 대신 "우리 애는 충분히 가능해요. 할 수 있을 겁니다"라고 바라본다면 아이는 정말 무한한 가능성을 지닌 존재가 될 것이다.

둘째, 부모가 스스로에게 가장 중요한 것을 찾아야 한다. 이를 위해 부모는 '자기 사명서'를 작성하는 것이 좋다. 다만 사명서는 의미 있고 현실적인 목표를 중심으로 써야 한다.

셋째, 아이를 바라보는 부모의 시각과 '자기 사명서'에 따라 얻게 되는 결론에서 큰 차이가 나타날 수 있다. 사실 삶은 누구에게나 완전히 화려하게 펼쳐져 있지는 않다. 따라서 당신이 아이를 기를 때 아이가 커서 어떻게 될지는 아무도 모른다. 그러나 당신이 아이를 기를 때 그리고 살아가면서 어떤 비전을 가지고 살고 싶은지에 대해서는 확실히 해둘 필요가 있다.

삶의 끝을 알 수 있는 사람은 아무도 없다. 그러나 마지막을 생각하며 시작하는 사람들의 패러다임은 창조의 시작을 열 수 있다. 비록 부모로서 세운 비전이 좀 부실하거나 불명확하더라도 적어도 자기 자신의 비전을 볼 수는 있게 된다. 그리고 이것이 바로 코치형 부모로 성장하는 시작이 된다.

'자기 사명서'란 자기가 삶의 주체로서 삶의 방향을 세우는 것이다. 또한 생명을 사용하는 지침서라고도 할 수 있다. 사명이 없는 해상 뗏목은 해류에 의존하고 목적지가 불분명하고 불안하고 의존적이지만 사명이 있는 모터보트는 자체 동력이 있고 목적지가 분명하고 안정적이며 독립적이다.

아래 항목을 보고 부모의 자기 사명서를 작성해보자.

당신은 어떤 부모가 되고 싶은가? 당신이 되고자 하는 모습을 1, 2, 3번처럼 밑줄에 적어본다.

▶ 부모의 자기 사명서

1. 나는 약속을 항상 지키는 부모가 될 것이다.
2. 나는 신뢰할 수 있는 부모가 될 것이다.
3. 나는 정직하고 최선을 다하는 부모가 될 것이다.
4. ______________________________
5. ______________________________
6. ______________________________

부모 성찰 질문

1. 당신은 당신의 삶을 아주 작은 것 혹은 아무것도 아닌 것에 바치고 있지는 않은가?
2. 당신은 부모로서 구체적이고 의미 있는 목적, 목표, 꿈이 있는가?
3. 당신은 부모로서 아이에게 가장 중요한 것이 무엇인지 알고 있는가?

혁명적 부모 코칭을 위한 핵심 역량

엄마는 귀가 두텁다

코칭 공부를 한 제자가 들려준 이야기다. 어느 날 딸에게 전화가 왔다고 한다. 반가운 마음에 전화를 받았는데, 딸의 목소리가 매우 가라앉아 있었다. 제자는 곧바로 딸의 안부를 물었다.

"무슨 일 있니? 목소리가 안 좋네."

"엄마, 정말 미안한데, 나 좀 봐주면 안 돼?"

제자의 딸은 다짜고짜 자기를 좀 봐달라고 물어왔다고 했다.

제자의 딸은 친구와 함께 원룸에서 생활한 지 3개월 정도 되었는데, 그간 룸메이트와 성향이 맞지 않아 자주 힘들다는 이야기를 해왔다고 했다. 그런데 그 즈음에는 스트레스의 정도가 심해 환청까지 들린다면서 엄마에게 도움을 요청해온 것이다.

코치형 부모는 이런 경우 어떻게 대처했을까?

"우리 딸이 많이 힘들었구나. 좀 더 자세하게 이야기해볼래?"

이렇게 말을 하도록 유도하자 제자의 딸은 그간 힘들었던 이야기를 마음놓고 터놓기 시작했다. 딸의 이야기를 한참을 듣고 난 뒤 코칭 제자는 "지금 기분은 어때?"라고 물었다. 그러자 아이는 "엄마한테 이야기하고 났더니 조금 시원해졌어"라고 대답했다고 한다.

그 뒤에 이어지는 이야기와 사건 전개는 굳이 말하지 않아도 충분히 짐작할 수 있었다. 충분히 들어주고 난 뒤에 찾아오는 마음의 안정과 평화 같은 것이 자연스레 뒤따랐을 것이다.

부모 코치로서 아이를 대한다는 것은 아이가 어떤 상태인지를 파악하려고 노력하고, 아이의 감정을 함께 나누고 공감해주고 아이 스스로 문제를 해결해나가도록 아이의 가능성을 믿어주면서 대화하는 것이다. 엄마와 대화를 마치고 나서 제자의 딸아이는 자신이 왜 불편한지, 그 불편함을 어떻게 해결할 것인지 스스로 방법을 잘 찾아가고 있다고 했다. 이후로도 엄마와 지속적인 코칭 대화를 통해 지금은 거처를 옮겨서 혼자서 잘 생활하고 있다고 했다.

열한 가지 핵심 역량

아마 많은 부모들이 자식이 털어놓는 고민 앞에서 결단력 있는 해결책을 단번에 제시하기 위해 고심하곤 할 것이다. 그러나 아이들에게 해결책이란 의외로 필요 없는 것인지도 모른다. 대부분의 경우, 아이들의 말을 들어주고 같이 공감해주는 과정에서 아이들이 스스로 문제를 해결해나가기 때문이다.

부모 코치가 되려면 잘 듣고, 잘 질문하는 자세가 필요하다.

국제코치연맹(ICF, International Coach Federation)에서는 코치들을 위한 열한 가지 핵심 코칭 역량을 제시하고 있다. 역량은 크게 네 부분으로 구성되어 있고, 전문 코치로 활동하려면 핵심 역량을 잘 갖추어야 한다.

▶ 부모의 열한 가지 코칭 핵심 역량

1. 부모의 기초 쌓기

1) 부모로서 아이의 권리 이해하고 지키기

2) 아이와 해결하고 싶거나 더 나은 상태가 되기 위한 이슈 합의하기

2. 아이와의 신뢰 관계 구축

3) 아이와 신뢰 및 친밀감 형성하기

4) 존재로 함께해주기(부모의 코치다운 태도)

3. 효과적으로 소통하기

5) 적극적 경청

6) 강력한 질문하기

7) 직접적 대화하기

4. 실행하기

8) 알게 하기

9) 큰 행동 목표 설계하기

10) 구체적인 실행 계획 세우기

11) 실천 과정과 부모의 책임 관리하기

이 외에도 부모 코치에게 필요한 역량은 신뢰와 친밀감, 코치다운 태도, 동기부여, 커뮤니케이션 스킬, 아동발달 지식, 부모의 할일 관리 능력, 상담 스킬, 진단, 오픈 마인드, 다양한 상황에서의 협의 능력, 주제 협의 및 목표 확인, 경청, 질문, 인정 기술, 피드백 기술, 직접적 의사소통, 생각을 바꾸는 능력, 아이의 감정 조절 및 에너지 관리, 아이의 존재감 살리기 등이다. 부모가 코치로서 역할을 잘 감당하려면 전문 코치가 필요한 역량을 지속적으로 연구하고 실습하면서 본인의 것으로 만들어가는 것처럼 부모 코칭의 핵심 역량을 꾸준히 실천하고 연습해야 한다. 이렇게 할 때만이 아이와 코칭 대화를 자연스럽게 할 수 있다.

부모 성찰 질문

1. 아이가 당신에게 고민을 털어놓고 대화하는가? 가장 최근은 언제였나?
2. 아이의 고민을 들었을 때 당신은 어떻게 대화하는가?
3. 당신이 부모로서 어떤 역량을 갖추면 아이에게 변화가 올 것 같은가?

3장

따라 하고 실천하는 코칭 스킬

마음을 여는 대화
: 코칭 대화 모델

수다만으로 채울 수 없는 2%

코칭과 다른 상담 기법의 차이를 찾으라고 한다면 바로 코칭 과정, 즉 코칭 대화 모델을 들 수 있다. 코칭에서 과정은 그만큼 큰 의미를 지닌다. 즉, 코칭을 하는 데 대화는 곧 프로세스이다.

이런 코칭 과정의 장점은 다음과 같다.

첫째, 대화의 틀을 제공한다.

둘째, 현재 초점에서 목표까지의 과정 전체를 예측할 수 있다.

셋째, 대화의 목적과 방향을 잃지 않도록 하는 효과적인 방법이다.

넷째, 명확한 단계적 과정을 보여주기 때문에 간단하고 즉각적으로 활용이 가능하다.

다섯째, 욕구, 관심, 현재의 감정 상태 등에 대해 충분한 정보를 가지는 데 효과적이다. 따라서 코칭 대화 모델을 통하여 대화를 더욱 가치 있고 효과적으로 할 수 있게 된다.

내가 아동복지 전문가에서 코칭의 매력에 빠지게 된 것도 이 대화 모델 때문이었다. 예전엔 불편한 문제가 생기거나 속상한 마음이 들면 친한 친구나 가족을 붙들고 이야기를 했다. 옆집 아줌마와 수다를 떨고 나면 시원해지듯 그런 느낌이 좋았다.

그런데 수다를 떨고 나도 뭔가 풀리지 않는 2%가 있었다. 나의 수다를 들어주는 누군가가 있어 그 당시엔 답답한 마음을 털어놓을 수 있는 것만으로도 좋았지만, 뭔가 뚜렷한 해결책은 찾지 못했고 행동으로 옮기는 것은 더욱 힘들었다. 그런데 코칭 대화를 하다 보니 자연스레 스스로 답을 찾아가고, 나도 모르게 그 답을 찾기 위한 행동을 하게 되는 것이 정말 신기했다. 도대체 이 힘은 어디서 오는 걸까? 곰곰이 생각해보니 다음과 같은 차이가 있음을 알게 되었다. 코칭 대화 모델은 대화의 목적과 방향을 잃지 않도록 나침반 역할을 해주었다. 그에 비해 옆집 아줌마와의 수다는 유쾌함은 있으나, 처음 시작한 이야기에서 곁길로 새어나가 금세 다른 이야기로 바뀌고 어느새 삼천포로 빠져버렸던 것이다. 정작 내가 이야기해서 털어버리고 싶은 주제와 상관없는 곳으로 말이다.

대화에도 모델이 필요하다

코칭 대화 모델은 스스로 현재 상황을 파악하게 하고 대안을 찾는 명확한 단계의 과정을 보여주기 때문에, 의지에 기반한 행동을 이끌어내는 데 대단한 효과를 보여주는 하나의 틀이다. 일종의 대화 프레임이며, 이 프레임을 따라 순서대로 대화한다는 것이 일반 대화와 가장 큰 차이점 중의 하나이다.

스티븐 코비가 "끝을 생각하며 시작하라"라고 했듯이 먼저 자신이 바라는 목표를 정해놓고 그 목표를 이루기 위해 하나하나 방법을 찾아나가는 과정이 문제를 해결해나가는 데 큰 도움이 된다. 또한 대화 중에 상대의 욕구나 관심, 현재 감정 상태에 민감성을 가지고 있기 때문에 상대가 그동안 쉽게 하지 못한 속 깊은 이야기를 편하게 꺼낼 수 있게 하는 데도 효과적이다.

물론 반드시 코칭 대화 모델로만 코칭이 이루어져야 하는 것은 아니다. 하지만 코칭 대화 모델은 오랫동안 많은 사람에 의해 검증된 방식이기 때문에, 안정적으로 코칭하기 위해서는 구조화된 코칭 대화 모델을 사용하는 것이 좋다. 전국적으로 유명한 프랜차이즈 맛집의 맛이 어느 지점에서나 똑같은 맛을 내는 이치와도 같다. 프랜차이즈 맛집의 레시피가 코칭 대화 모델인 셈이다.

레시피란 어느 지점에서든 같은 맛, 평균 이상의 맛을 유지할 수 있도록 하는 중요한 기준이다. 이 레시피에 능숙해진 요리사는 다른 요리에 도전하는 것이 얼마든지 가능하고, 다른 양념을 더 추가하여 훨씬 맛있는 요리를 만들어낼 수도 있다. 이처럼 코칭 대화 모델에 익숙해지면 단계별로 틀에 맞출 필요 없이 상황에 맞춘 대화의 응용도 가능해진다.

피자나 치킨도 프랜차이즈별로 레시피가 다르듯, 여러 코칭 대화 모델 중에서 나는 ACTIVE 대화 모델을 소개하고자 한다. 여기서 보이는 시계 모양은 방향과 나침반이다. 방향을 알기 위해 나침반을 사용하듯, 부모로서 길을 헤매지 않으려면 늘 정북향, 부모로서의 원칙을 잊지 않아야 한다. 이는 코치로서 갖추어야 할 철학과 윤리를 나타내기도 한다. 이것을 중심축에 두고 6단계를 순차적으로 진행하면 된다. 물론 이 단계를 다 하지 않아도 된다. 각 단계에서 당신에게 유용한 단계의 질문과 내용을 활용하면 된다. 그러나 강력한 성과를 얻고 싶다면 이대로 따라 해보는 것이 좋다.

1단계 : 마음 맞추기

마음 맞추기 단계는 서로의 마음이 통하여 하나가 되는 단계로

| ACTIVE 코칭 대화 모델 |

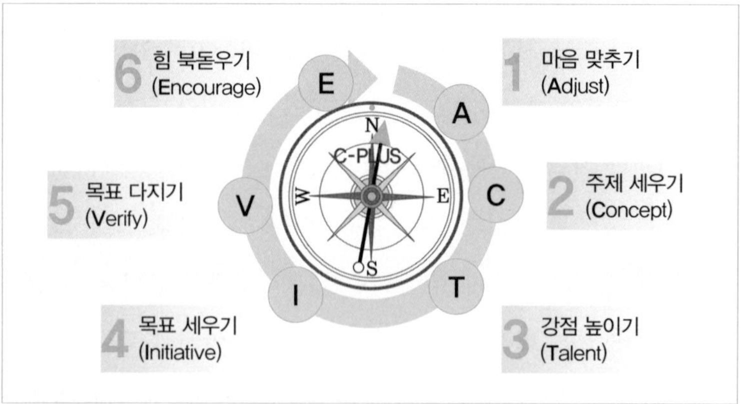

※ 출처 : 《전문코치양성을 위한 CPA코칭모델 개발—ACTIVE코칭대화모델 기반 C-PLUS 코칭프로그램》, 코칭연구, 12(3), 95~112, 도미향(2019).

이 단계를 통해 편안하게 코칭 대화로 들어갈 수 있다.

한 예로, 외출에서 돌아온 엄마가 아이 방문을 열었는데 마침 아이는 그 전까지 열심히 공부를 하고 있다가 잠깐 쉬는 시간을 갖고 스마트폰 게임을 하고 있는 상황이었다. 그런데 엄마는 속으로 '이 녀석 안 되겠네. 또 게임이나 하고 있고', '진짜 언제까지 잔소리해야 할까?'라고 생각하면서 자신은 언제나 옳고 아이가 잘못했다는 그 상황만 받아들인다면 아마 이런 대화가 이루어질 것이다.

엄마 : 너 또 게임이야? 숙제도 아직 안 했지? 어떻게 매번 잔소리를 해야 해? 제때 한 적이 한 번도 없어! — 판단

아이 : 지금까지 열심히 했단 말이야. 엄만 알지도 못하면서!!

엄마 : 뻔히 보이는데 뭘 잘했다고 큰 소리야? 이번 시험은 어떻게 보려고 해? — 협박

아이 : "……."

엄마 : 내가 누구 때문에 이렇게 바쁘게 사는데, 너는 공부라도 열심히 해야 할 것 아니야? — 당연시, 의무화

아이 : 알았어. 지금 한다고!!

엄마 : 기훈이는 저번 시험에 네 과목 올백이라고 하더라. 커서 뭐가 되려는지……. — 비교, 비난

속마음은 이게 아닌데 아이와 대화를 하다 보면 오히려 관계가 단절되고, 그 결과 자책하며 화나고 속상할 때가 많다. 아이에 대해

판단하고, 비교하고, 강요하고 스스로 자기 기준에 맞춰 합리화하면서 대화를 진행하기 때문이다. 아이와의 관계를 회복하는 대화를 시작하기 위해서는 먼저 자신의 마음을 인정하고 알아차려야 한다. 자동적으로 떠오르는 자기 생각이 옳다고만 믿지 말아야 한다.

이런 단절된 대화에서 벗어나기 위해서는 아이에 대한 구체적인 행동의 관찰이 이루어져야 한다. 관찰을 통해 아이의 느낌을 읽어낼 수 있으며, 그 느낌을 먼저 공감해주는 것이 우선이다.

“지금 네 기분이 어때?”, “어? 아들 표정이 어둡네. 무슨 일 있었어?”라고 아이의 감정을 충분히 읽어주고 대화를 통해 진짜 원하는 것이 무엇인지, 어떤 결과를 얻고 싶은지, 원하는 것들을 얻기 위해 무엇을 해볼 것인지 같이 고민해보는 시간이 필요하다. 그러고 나서 자신의 욕구를 파악한 다음, 아이에게 부탁하는 연습을 해보자.

2단계 : 주제 세우기

친구와 떠는 수다와 코칭 대화가 가장 차이가 나는 부분이 이 부분이다. 상대의 이야기를 경청하고 공감하는 것에서 나아가 상대가 진짜 이야기하고 싶은 것이 무엇인지, 구체적으로 어떤 결과를 얻고 싶은지 생각하게 하여 원하는 목표를 명료화시킬 수 있는 단계로 이루어졌기 때문이다. 아이들은 자기만의 재능과 기질을 가지고 이 세상에 태어났다. 그런데 부모들은 예의 바른 아이로 키우기 위해, 용감한 아이로 키우기 위해, 때로 아이를 보호하기 위해 절제시키는 행동들을 무의식중에 하게 된다. 이런 환경에서 자란 아이들은 수

동적으로 행동하게 되고, 의존적인 아이로 자라게 된다.

예를 들면, "엄마, 나 이거 먹어도 돼?", "엄마, 나 화장실 가도 돼요?", "엄마, 나 놀아도 돼요?" 등 온갖 것을 다 묻는다. '그냥 하면 되지 이것을 왜 물을까?'라고 생각할 수 있으나 아이의 선택을 존중하지 못했던 지난 일들이 떠오르는 경험이 한 번쯤은 있을 것이다.

그렇다면 아이들을 키울 때 코치형 부모는 어디까지 관여하고 어디까지 독립심을 길러줘야 할까? 그 과정에서 필요한 것이 아이들이 스스로 원하는 것을 묻도록 열정이나 꿈, 인식이나 관점이 열릴 수 있게 도와주는 것이다. 아이와 대화하다가 경청하고 공감하는 것에서 나아가 아이가 원하는 목표를 분명하게 설정하고 하고 싶은 이야기를 마음속 깊은 곳에서 꺼낼 수 있도록 돕는 것이다.

"네가 진짜 바라는 건 뭐니?", "다른 사람이 아닌 네가 진정으로 원하는 것이 무엇이니?", "네가 얘기하는 게 어떤 의미야?", "그렇게 생각하는 이유를 얘기해본다면?", "요즘 들어 표정이 힘이 없어 보이는데 무엇 때문에 불편한 거니?"와 같이 구체적으로 물어본다면 아이는 한참을 골똘히 생각한 다음, 부모가 생각한 답 이상의 답으로 이야기를 술술 풀어나가며 금세 수다쟁이로 변할 것이다.

3단계 : 강점 높이기

강점 높이기 단계는 아이의 성공 경험을 떠올려 아이의 강점을 찾고 변화 가능성을 찾아가는 단계이다. 기억 속에 있는 사건을 떠올려 그것을 있는 그대로 묘사하다 보면 자연스럽게 과거의 작은 성공이 떠오르게 할 수 있다. 아이들이 스스로 '나 참 잘하고 있어. 내가 하면 참 잘해. 난 뭐든지 잘할 수 있어. 나란 존재는 참 괜찮은 존재야'라는 생각이 들 수 있게 인정하고 칭찬하면서 말이다.

"지금, 네 이야기를 들어보니 자신감이 느껴지는데 어떠니?", "네가 그렇게 한다면 주위에 어떤 영향을 미치게 될까?", "스스로 어떤 것을 잘하고 있다고 생각하니?", "너의 강점은 뭘까?"라고 질문한다면 아이들은 스스로 의미 있는 존재가 되고 싶음을 느끼게 된다.

나도 한때 '옳다', '그르다'에 맞춰 모든 것을 판단하느라 참 바쁜 삶을 산 적이 있다. 아이의 행동이 옳은지 그른지 분석하고 야단을 쳐서라도 반드시 고쳐야 한다고 생각한 적이 있었다. 부모 코치가 되고서 바뀐 게 있다면 학교나 학원에서 많은 비난과 평가를 받고 올지 모르는 내 아이에게 집에서만이라도 평가에서 벗어나 쉬게 해줄 수 있는 부모가 되기로 결심한 일이다. 그 뒤로 나는 아이가 학교에서 무엇을 잘했는지 못했는지 궁금해하기 전에 사소한 것이라도 내 아이의 강점을 상기시켜주고 꼭 한 번 안아주는 습관을 들였다.

4단계 : 목표 세우기

자녀가 행복한 미래로 나아가기를 바라는 부모 마음은 다 똑같다. 그런데 대부분 부모의 언어 패턴은 과거 지향적이다.

"도대체 뭐가 불만이니?", "또 그랬어?", "바보도 아니고 대체 왜 그래?", "그러게. 조심하라고 했잖아!", "엄마가 지난번에 뭐라고 했어?"라는 말에는 부모의 안타까움도 묻어 있지만, 아이의 귀에는 그보다 공격적인 비난과 좌절의 말이 먼저 들린다.

이와 같은 과거의 행동이나 미련은 과감히 떨쳐버리고 아이의 강점 가능성을 열 수 있도록 명확한 목표를 수립하고 실행 계획을 세우며 가능성의 미래를 열어가는 단계가 '목표 세우기 단계'이다. "넌 왜 약속을 안 지키니?"라는 말 대신에 "숙제를 언제까지 어떻게 할 계획이야?"라고 구체적으로 질문을 던져보는 것이다. 이 방법은 자녀가 목표를 분명하게 정해놓고 학습할 수 있도록, 지금 당장 할 수 있는 행동 중심으로 스스로 주도적으로 행동할 수 있게 도와줌으로써 점차적으로 좀 더 높은 목표에 도전할 수 있도록 만든다.

5단계 : 목표 다지기

아이를 움직이게 하는 데 필요한 것은 보상이나 강요가 아니라 아이에 대한 신뢰와 기다림이다. 우리는 흔히 아이들에게 당근과 채찍이 필요하다는 말을 쓴다. 그러나 목표 다지기 단계는 당근과 채찍 대신 외적 보상이 따르지 않더라도 스스로 내부에서 중요하다고 인식해 행동하게 만드는 단계이다. 한마디로 내적 동기를 일으키는 단계라 할 수 있다. 아이들이 스스로 실행을 잘 해나가도록 시간이 걸리더라도 기다려주는, 사랑에 조건을 달지 않고 또 미끼를 내세워 아이를 유인하지 않는 그런 부모 역할이 필요한 단계이다.

"이번 시험에 5등 안에 들면 스마트폰 바꿔줄게", "학습지 다 풀면 10분 게임하게 해줄게", "말 잘 들으면 아이스크림 사줄게" 같은 말들은 사랑에 조건이 달린 말이다. 언뜻 보면 아이에게 동기를 부여하는 양육법 같으나 조건부 사랑은 아이를 수동적으로 만든다. 그리고 칭찬과 보상에서 멀어진 아이들은 부모와의 관계가 멀어질 수 있다. 이러한 조건부 사랑 대신에 "그동안 시험을 위해 얼마나 힘들었을까? 하고 싶은 것도 참아가며 노력했을 것을 생각하니 기쁘다. 수고했어!", "여러 방법 중에서 가장 먼저 해볼 수 있는 것은 뭐가 있을까?", "잘해내기 위해서 스스로에게 응원한다면 어떤 말을 해주고 싶어?", "엄마가 너를 위해서 도와줄 수 있는 일이 있을까?"와 같이 격려하고 응원하는 말로 표현하는 것이 이 단계의 핵심이다.

6단계 : 힘 북돋우기

힘 북돋우기 단계는 부모가 온전히 아낌없이 인정하고 칭찬하고 격려하는 단계이다. 아이가 스스로 내세운 목표를 잘 실행할 수 있도록 수행하는 과정에 관심을 갖고 부모가 든든한 지원자로서 개입할 수도 있는 단계이다. 목표를 실행하는 것이 무엇보다 중요하다는 아이의 마음을 부모가 이해해주기만 해도 아이는 편안함을 느낄 수 있는 단계이다. 또한 아이의 행동이 부모의 삶에 미친 영향력을 구체적으로 표현해준다면 더할 나위 없이 좋다.

단순히 "잘했어", "고마워"가 아닌 "엄마에게 편지를 써줘서 고마워! 엄마가 요즘 회사에서 많이 지쳐 있었는데 누군가에게 위로를 받고 싶었나 봐. 우리 딸이 써준 편지를 보니, 내가 사랑받고 있다는 생각이 들어서 정말 행복했어! 딸! 고마워!"라든지 "네 스스로 노력하는 모습을 볼 수 있어서 엄마는 너무 기뻐", "집중하기 힘들었을 텐데, 애써줘서 고마워!" 하는 식으로 구체적인 표현을 덧붙여 힘 북돋우기를 해본다면 전과 많이 다름을 느낄 것이다.

지금까지 6단계 ACTIVE 대화 모델을 소개했지만, 반드시 모든 코칭이 코칭 대화 모델로만 이루어져야 하는 것은 아니다. 그러나 코칭을 믿고 코칭 대화법을 사용한다면 그 효과는 매우 클 것이다. 코칭 대화 프레임대로 아이와 마음을 맞추고, 주제를 세우고, 강점을 높이고, 목표를 세우고, 목표를 다지고, 힘 북돋우기의 대화를 하다 보면 분명 자신의 아이와 기적 같은 새로운 관계를 맺을 수 있게 될 것이다(코칭 대화 프레임과 관련된 자세한 코칭 대화 사례는 5장에 자세히 소개했다).

| 부모 성찰 코칭 대화 |

아이가 다짜고짜 짜증을 낸다면

일반 대화	코칭 대화
아이 : 아 짜증나!! 도대체 뭘 쓰란 말이야? 엄마 : 왜 그래? 무슨 일 있어? 아이 : 아니, 학교에서 장래희망을 써오라는데 뭘 써야 할지 모르겠어. 엄마 : 엄마랑 아빠가 바라는 것 있잖아. 그것 쓰면 되지 뭘 그렇게 고민하니? 아이 : 아, 내가 어떻게 그게 되냐고? 뭐 돈만 많이 벌면 다 좋은 직업이야? 내 성적에 어떻게 되냐고? 알지도 못하면서 만날 스트레스만 주고 진짜…….	아이 : 아 짜증나!! 학교에서 장래희망을 써오라는데 뭘 써야 할지 잘 모르겠어! 엄마 : 그래서 고민하고 있었구나. 그럼 엄마랑 같이 고민해볼까? 천천히 생각해봐. 네가 가지고 있는 강점은 뭐라고 생각하니? 아이 : 음, 사람들 좋아하는 거? 아, 또 있다. 요리하는 거? 엄마 : 그렇네. 넌 네가 해주는 김치볶음밥이 어느 음식보다 맛있더라. 아이 : 하하핫! 그러고 보니 내가 좋아하고 잘하는 게 있었구나. 아~ 해결된 것 같아. 엄마 : 아들~ 다른 사람이 아닌 네가 진정으로 원하는 것을 생각해봐. 엄마, 아빠 눈치 보지 말고.

믿음의 울타리가 되는 부모 : 코칭 환경 만들기

부모가 만드는 코칭 환경

코칭이 제대로 되려면 코칭이 이루어지는 환경을 만드는 것이

| 코칭 환경을 이루는 요소 |

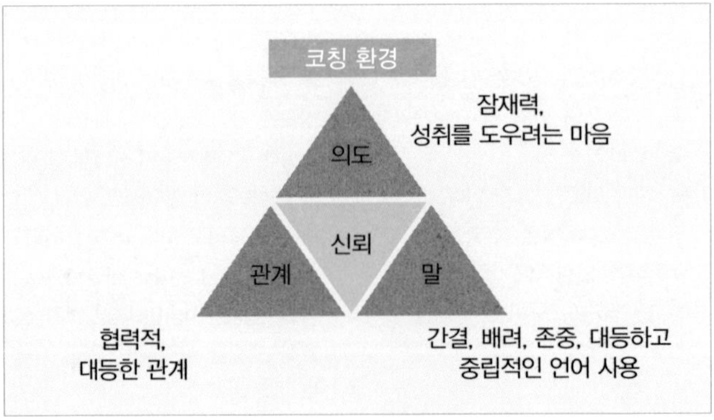

우선적으로 필요하다. 코칭 환경을 조성하는 중요한 요소는 아이를 지지하며 도와주려는 부모의 의도(Intention), 긍정적이고 중립적인 말(Language), 수평적 관계(Rapport)를 꼽을 수 있다.

이 세 요소가 적절히 균형을 이루었을 때 신뢰를 중심으로 하는 코칭 환경이 올바로 조성될 수 있다.

'누구의' 의도인지가 중요하다

의도는 '누구의' 의도인지가 중요하다. 보통 엄마가 아이에게 "공부해"라고 말하면 그것은 엄마의 의도이다. 여기 아이가 하겠다는 의도는 없다. 그러나 엄마는 '내가 다 아이를 위해 한 말인데, 아이는 왜 안 따르지?'라고 생각한다.

이는 순전히 착각이다. 아이를 위해서라기보다는 엄마 자신을 위해서 한 말일 뿐이기 때문이다. 엄마니까, 엄마의 책임감 때문에 하는 말이다. 따라서 아이와 대화를 할 때 '나는 너의 잠재력을 돕는 사람이야. 너의 성취를 도우려는 마음이야'라는 생각으로 아이와 대화를 이끌어 나가야 한다.

아이 : 엄마, 나 시험 망쳤어.

엄마 : 에구, 많이 속상하겠구나.

아이 : 응! 내가 공부한 것 말고 엉뚱한 데서 나왔더라고.

엄마 : 그래, 속상했겠다. 다음번에 시험 잘 치려면 어떻게 해

야 할까?

아이 : 문제집을 더 꼼꼼하게 풀어봐야 할 것 같아요.

엄마 : 그래, 좋은 생각이다.

이런 대화는 아이를 돕겠다는 긍정적인 의도로 대화하는 것이다. 부모라면 누구든 아이와 이런 대화를 할 수 있다. 그러나 대개의 엄마들은 이렇게 대화를 하지 않는다.

아이 : 엄마, 나 시험 망쳤어.

엄마 : 왜?

아이 : 내가 공부한 것 말고 엉뚱한 데서 나왔더라고.

엄마 : 그러니까 엄마가 문제집 풀어보라고 했잖아. 엄마 말 안 듣더니. 내 그럴 줄 알았어. (엄마의 판단과 비난, 훈계가 들어 있다. 대화가 아니라 엄마의 의도를 전달한 것이다.)

아이 : 아~ 됐어. (문을 쾅 닫고 나가버린다.)

이런 경우 아이는 엄마가 진심으로 자신을 돕는 것이 아니라 엄마의 의도대로 자신을 통제한다고 느낀다. 그리고 존중받지 못했다고 생각한다. 당연히 아이는 자존심이 상하고 관계는 깨진다.

말에도 표정이 있다

두 번째 코칭 환경의 기본 전제인 말을 할 때는 간결하게, 배려와 존중, 중립적인 언어를 사용해야 한다. 대부분 엄마가 말을 길게 하면 바로 잔소리, 훈계, 설교 등으로 이어질 가능성이 높다.

"도대체 왜 그래? 만날 쏟고, 만날 지각하고. 게다가 숙제도 제대로 안 하고 게임만 하잖아? 집에서 텔레비전만 보고, 왜 하는 짓마다 다 엉터리냐고?"

이런 말들은 중립적이지 못한 언어이다. "도대체, 만날, ~만" 이런 단어를 듣는 순간 모든 긍정적 관계는 깨진다.

마지막으로, 코칭 환경을 구성하는 데 중요한 한 가지는 '관계'이다. 부모와 자녀는 어른과 아이의 관계이다 보니 당연히 수직적 관계라고 생각한다. 그러나 아이는 부모에게 인정받고, 존중받고 싶어 한다. 수직적 관계에서 나타나는 지시와 훈계, 가르침보다는 함께 생각을 나누고 지지하고 서로 협력하는 동반 관계(partnership)를 원한다. 어느 한쪽에 지나치게 치우쳐 있는 경우도 동반자적 관계라고 할 수 없다. 예를 들면 아이들이 제일 싫어하는 부모는 어떤 부모일까? "나는 너밖에 없어", "나는 너밖에 몰라"라고 말하는 부모일 수도 있다. 사실 이러한 말은 어떤 의미에서는 아동학대이다. 아이에게 지나친 기대로 엄청난 부담을 주기 때문이다.

그렇다면 아이들이 바라는 부모는 어떤 부모일까?

"우리 엄마는 나 없이도 행복해요!"라고 말할 수 있는 부모이다. 이러한 관계는 서로 독립적이면서 편안하다.

아이의 양육으로 힘들어하는 부모에게 내가 가끔 던지는 질문이 하나 있다.

"당신은 아이에게 '부모'인가요? '학부모'인가요?"

이 질문은 아주 모호할 수도 있다. 아이가 학생이라면 그냥 '부모'이기도 하고, '학부모'이기도 하기 때문이다. 사실 부모와 학부모는 아주 유사한 용어이지만, 아이를 바라보는 관점은 엄청나게 다르다.

당신은 어느 쪽인가? 어떤 때는 부모였다가 어떤 때는 학부모였다가 하면 아이는 혼란스럽다. 부모가 자신에게 무엇을 기대하는지 명확히 알 수가 없다. 어떤 부모는 늘 학부모만 한다. 그러나 진정한 부모는 그냥 '부모'여야 한다. 아이에게 멀리를 내다보며 다른 사람과 함께하고, 꿈을 가지도록 지지하는 부모여야 한다. 다시 말해 아이와 일관성 있게 지속적인 신뢰를 쌓는 일이 필요하다.

지난 일주일간 아이와 나눴던 대화를 떠올려보자.

"숙제했니?", "학원 갔다 왔니?", "문제집 다 풀었니?" 이렇게 늘 다그치듯 말하지 않았나 반성해보자. 요즘 부모의 관심사 세 가지는 성적, 수상, 임원이 되는 것이라고 한다. 물론 그런 것도 중요하다. 부모와 아이 모두에게. 그러나 이런 것에 부모가 집착하면 할수록 아이는 마음의 문을 닫는다는 점을 명심하기 바란다.

▶ 아이와 신뢰를 쌓는 다섯 가지 방법

1. 아이의 마음에 집중한다

아이의 마음 알아주기/ 아이 마음의 날씨 물어주기/ 마음은 존

재의 핵심이기에 존재와 존재로 만나기

2. 인간애의 공통점을 이해한다

사람은 누구나 사랑, 이해, 존중, 축하, 인정, 위로, 격려, 신뢰를 받고 싶어 하는 공통점을 가지고 있음을 깨닫기/ 인간에 대한 이해, 개별성에 대해 이해하기

3. 긍정적 시각을 가진다

무한한 가능성, 잠재력을 지닌 존재로 아이를 바라보면서 기다려주고, 아이를 신뢰하는 긍정적인 시각 지니기

4. 비폭력 대화를 시도한다

평가나 판단 없이 관찰로 대화를 시작하고 일어난 일에 대해 부모와 아이가 어떤 느낌을 가지는지 살피고, 첫 번째 소중한 것이 무엇인지 깨닫고 대화하기

5. 세대 차이, 문화 차이를 이해한다

본인이 제일 중요한 밀레니엄 세대의 차이를 이해하기/ 아이에게 "우리 엄마 이상해!", "우리 아빠랑 대화가 안 통해!"라는 말을 듣지 않도록 아이를 있는 그대로 수용하고 다름을 인정하기

아이와 신뢰를 쌓는 것은 부모의 기본적인 관점에 해당한다. 이러한 신뢰를 기반으로 부모 코칭에 접근하는 방법은 다음과 같다.

첫째, 아이의 잠재 능력을 발휘할 수 있도록 임파워시켜준다.

둘째, 아이가 모험적 시도를 할 수 있도록 편안한 분위기를 만들어준다.

셋째, 아이의 강점을 인정하고 강화시켜준다.

넷째, 아이의 노력과 성장을 칭찬한다.

다섯째, 아이의 스타일과 강점을 최대로 발휘하도록 돕는다.

부모는 아이가 잠재력을 펼치도록 지지하는 마음, 배려하는 중립적 언어, 협력적 동반 관계를 통해 자녀와 서로 신뢰 관계를 형성하게 된다. 그렇게 될 때 부모는 진정으로 믿음의 울타리를 형성할 수 있다.

| 부모 성찰 코칭 대화 |

의욕이 없고 뭐든 귀찮아하는 아이라면

일반 대화	코칭 대화
엄마 : 또또…… 시키는 대로 해! 아이 : 아 알았어. 진짜! 엄마 : 저 봐봐!! 커서 뭐가 되려고? 아이 : 아 짜증나!!	엄마 : 아들! 요즘 마음이 어떠니? 아이 : 다 아시잖아요! 엄마 : 그래~ 네 마음 짐작할 것 같아. 많이 혼란스럽구나. 네 나이 때는 그럴 수 있어.

아이들은 모두 다른 별에서 왔다 : 코칭의 언어

"차라리 벽이랑 대화하는 게 편해요"

존 그레이(John Gray)의 《화성에서 온 남자 금성에서 온 여자》(김경숙 옮김, 동녘라이프, 2010)는 남녀의 차이를 화성인과 금성인이라는 뚜렷한 비유로 흥미롭게 풀어낸다. 30년간 부부를 대상으로 상담센터를 운영해온 저자는 남녀가 서로 다른 언어와 사고방식을 지녔으며, 막힘없고 진정성 있는 소통은 서로가 다르다는 사실을 제대로 인식할 때 이루어진다는 사실을 풍부한 사례와 연구를 통해 알려준다.

그러면 한 지붕 아래 사는 부모와 자녀는 어떨까? 부모와 자식들은 과연 소통이 잘되고 있는 것일까? 이들이 실제로 소통하는 데 거리감은 없는지, 만약 거리가 있다면 얼마나 먼 거리인지 한 번쯤 생각해보자.

우리는 흔히 가까운 사람에게 상처 주는 이야기를 자주 한다. 습관처럼 아니면 무의식중에 말이 불쑥 나오곤 하는 것이다. 시간이 지나 그때 왜 그랬는지 후회하지 말고 그런 일이 벌어지지 않도록 작은 행동부터 실천하는 일이 필요하다.

"엄마! 나 오늘 너무 속상해요. 학교에서 선생님한테 꾸중 들었어요"라고 아이가 볼멘소리를 할 때 "저런, 네가 잘못했네. 당연히 그렇게 하면 꾸중 듣지"라고 반응하면 아이는 어떤 마음이 들까?

'내가 왜 두 번이나 속상해야 하지? 이미 혼났는데 엄마한테 또 혼나야 해? 정말 공감 제로군. 엄마한테 괜히 말했어'라는 생각이 들면서 다음부터는 입을 굳게 닫아버릴 것이다. 그리고 그 이후부터는 무슨 일이 있어도 엄마에게 감정을 표현하지 않게 될 것이다.

그렇게 되면 대화를 할 때 벽이랑 하는 편이 차라리 편하다고 느끼는 상황이 올 수도 있다. 그래서 아이와 대화할 때는 공감하는 태도와 더불어 아이의 존재 자체에 집중해야 한다. 아이가 어떤 문제에 처해 있을 때 그 문제에 집중해서 문제를 해결하고자 접근하는 것은 오히려 문제 해결에 그다지 도움이 안 된다는 점을 명심하자.

존재 자체에 집중하는 대화를 하라

콩을 먹기 싫어하는 아이에게 대개 부모는 이렇게 말한다.

"콩이 먹기 싫구나! 어떻게 하면 콩을 먹을 거니?"

그러면 아이는 "아니, 싫은데요. 안 먹을 거예요"라고 대답할 것이다. 이것은 바로 문제 해결에 초점을 맞추는 것이다. 이러면 대화가 안 된다.

이렇게 문제 해결보다는 아이가 어떤 취지에서 그 이야기를 하고 있으며, 중간에 어떤 과정이 들어가 있는지 존재 자체(Being)에 더 집중하는 것이 필요하다. 존재 자체에 대한 대화는 이렇게 이루어진다.

"콩이 먹기 싫구나! 그럼 OO는 어떤 것을 좋아하니?"

"치킨, 아이스크림, 과자요!"

"그렇구나! 그럼 그 음식을 계속 많이 먹으면 어떨 것 같아?"

"음…… 몸에 안 좋아요. 건강한 음식을 먹어야 해요."

"와! OO가 대단한 생각을 했구나! 콩은 어떤 음식일까?"

"몸에 좋아요. 음…… 엄마 오늘은 콩 몇 개만 먹을게요."

이처럼 문제 해결보다는 가장 상위에 있는, 아이 존재 자체에 집중해서 대화하는 것이 오히려 문제를 해결해준다. 여기에서 콩 먹는 것보다 더 중요한 이슈는 건강이다.

앞의 사례의 경우, "아! 그래서 그런 일이 생겼구나! 정말 속상했겠다. 너는 그래도 친구를 도와주려고 했던 일인데 오히려 꾸중을 듣게 되었구나. 진짜 속상하겠다"라는 태도로 대화를 한다면 속마음 이야기가 더 깊이 있게 이루어질 수 있다. 아이가 '엄마는 정말 나와 소통이 잘돼'라고 생각하면 소통의 거리는 짧아진다.

그렇게 하기 위해서는 우선 '긍정적 언어'를 사용하는 것이 좋다. 대화는 부정적 대화와 긍정적 대화로 크게 나눌 수 있다. 우리가 쉽게 내뱉는 비난, 분노, 명령, 경고, 위협하거나 훈계하거나 설교하거나 분석하거나 진단하는 것은 상대의 마음을 움직이지 못하게 하는 부정적인 대화에 속한다. 긍정적 대화에는 관심 갖기, 염려하기, 수용하기, 애정을 가지고 격려와 칭찬, 인정을 하는 것이 포함된다.

백 마디 잔소리보다 효과 좋은 공감의 한마디

실제로 우리는 너무 빨리 아이의 대화에 개입해서 아이가 바라지도 않는데 바로 직격탄을 날린다. 속상하다는 아이에게 "어유! 그럴 만하지"라고 쉽게 판단하는 것이다. 판단보다는 "아! 속상하구나"라고 받아주는 것이 더 중요하다. 이것이 아이를 수용하고 관심을 가지는 반응법이다.

자녀를 늘 평가하고 비난하고 비교하는 것은 아이에게 많은 상처가 된다. 아무런 의식 없이 옆집 아이와 비교하고 '엄친아'와 비교하는 것은 정말 곤란하다. 부모의 중립적 언어 사용을 통해 아이가 행복감을 느끼는 것이 중요하다. 다시 말해, 사실에 초점을 맞춘 객관적 언어를 사용해야 한다. 만약 아이가 게임을 계속한다고 가정해보자. 이때 두 가지 대화법이 존재한다.

"너는 지금 시험 기간인데 계속 게임만 하고 있니? 지금 그럴 시간이 어디 있니?"

이것은 비난, 분노, 명령, 훈계가 들어 있는 대화이다. 또 하나는 이렇게 말할 수 있다.

"너는 지금 게임을 두 시간 동안 하고 있구나. 내일 시험을 봐야 하는데 게임을 계속한다면 어떤 결과가 있을 것 같니? 엄마는 네가 그 게임 때문에 시험 준비를 잘 하지 못하고 시간을 빼앗길까 봐 염려가 되네. 게임을 조금 줄이면 좋을 것 같아."

우리는 이런 후자의 대화를 '나 전달법' 혹은 '아이 메시지(I Message)'라고 한다. '나 전달법'으로 자신의 마음을 전달하면 원활한 소통이 가능하다. 반면 상대를 비난하고 훈계하는 '너 전달법' 혹은 '유 메시지(You Message)'를 쓰면 결국 자녀를 평가하고 비난하는 형태로 흘러가게 되어 소통은 이루어지지 않는다.

"너 도대체 왜 그래? 계속 컴퓨터 할래? 너 그러면 시험 망친다!"

이렇게 상대방을 비난하고 훈계하는 말투 대신 "엄마는 네가 컴퓨터를 그만하고 시험공부에 더 집중하면 좋을 것 같아. 나는 네가 걱정이 돼. 네가 해야 할 일을 잘 하지 못할까 봐 염려가 돼"라는 '나 전달법'으로 메시지를 전달하는 것이 중요하다. 그때 아이는 '내가 사랑받고 있구나! 존중받고 있구나! 이해받고 있구나!'라고 생각한다.

아이가 '차라리 벽하고 대화하는 게 낫지'라고 생각하는 마음이 들지 않도록 바쁜 일상에서도 가족과 대화하는 시간을 가져야 한다. 대화 내용도 평범한 일상에 대해 이야기하는 것을 넘어 코칭적 대화 기술로 대화를 하면 더 효과적이다.

아이스크림을 먹고 싶은 아이에게 "감기 걸려서 안 돼"라고 말하기보다는 "아이스크림이 많이 먹고 싶구나! 그런데 엄마는 네가 아이스크림을 먹고 감기가 더 심해질까 봐 걱정이 돼. 감기 낫고 나서 먹으면 어떨까?"라고 일단 아이 마음을 헤아려주는 것이 좋다.

이렇게 아이와 협의하고 조정하는 시간이 필요하다. 명심하자. 부모의 잔소리 같은 백 마디 말보다 자녀의 마음을 이해하고 공감하기 위해 자녀의 한마디를 잘 듣는 부모가 되는 것이 훨씬 효과적이다.

| 부모 성찰 코칭 대화 |

딸이 친구들을 집으로 데리고 와서 걸그룹 댄스 연습을 한다면

일반 대화	코칭 대화
엄마 : 너 도대체 공부는 언제 하려고 만날 친구들과 몰려다니면서 춤만 추고 그러니? 아이 : 그게 어때서요? 엄마 : 그게 어때서라니? 지금 1분, 1초가 얼마나 중요한 시기인데 하라는 공부는 안 하고. 또 친구들하고 이렇게 몰려다니면 동네 사람들이 어떻게 생각하겠어? 아이 : 동네 사람들이 왜 중요해요? 내가 좋으면 그만이지. 내가 춤추는 게 좋고 친구들과 이렇게 춤을 추고 나야 스트레스가 풀리는데 알지도 못하면서…… 진짜!! 엄마랑은 말이 안 통해!!	엄마 : 어? 우리 딸 표정이 엄청 행복해 보이네. 뭐가 그렇게 행복하게 했을까? 아이 : 응 엄마!! 이번에 **걸그룹이 신곡을 발표했잖아. 그런데 그 춤이 너무 멋있는 거야. 그래서 친구들이랑 유뷰브 보고 따라서 좀 춰봤지^^ 그랬더니 신나더라고. 엄마 : 그랬구나. 그렇게 마음 맞는 친구가있어서 우리 딸은 참 좋겠다. 아이 : 그런데 동네 아줌마들 시선이 좀 그래. 공부 안 하고 돌아다니는 문제아처럼 보는 느낌이랄까? 엄마 : 그랬구나. 그런 느낌을 느끼지 않고 싶다면 어떻게 하는 게 좋을까? 아이 : 다닐 때 조용히 한다거나 너무 음악을 크게 틀어놓지 않는다거나 밤늦은 시간에 돌아다니지 않는 거. 나는 엄마랑 이런 대화도 통해서 참 좋아~

아빠도 친근할 수 있다
: 공감하는 코칭 마인드

"아빠는 그냥 아빠예요"

아이들에게 아빠란 과연 어떤 존재일까? 아이들이 생각하는 아빠의 모습은 무엇이고, 엄마가 할 수 없는 아빠의 효과에는 어떤 것이 있을까?

아빠 양육 TV 프로그램이 인기를 끌면서 친근한 아빠라는 의미의 '프렌디(Friendt Daddy)'라는 말이 등장했다. 그러나 여전히 사춘기 자녀를 둔 중년의 아버지 가운데는 '엄부자모(嚴父慈母)'의 양육 방식을 고수하는 사람들이 많다.

얼마 전 조카들에게 질문을 던져보았다.

"언제 아빠가 친구처럼 느껴지니?"

"아빠를 친구처럼 생각한 적이 없는데요? 아빠는 그냥 아빠예요."

'엄부자모'는 우리의 전통적인 부모상으로 자녀 교육의 좋은 모델로 여겨져왔으나 한국개발연구의 연구를 통해 만 세 살 이후부터는 아이의 자율성을 존중해주는 것이 언어의 발달과 정서 발달에 더 좋다는 것이 밝혀졌다["엄부자모는 옛말… 너그러운 부모가 아이에 도움", 〈KBS 9시뉴스〉(2017. 2. 3.)].

아이들은 만 3세 전후로 언어 능력과 자존감이 급격히 발달하는 만큼, 엄격한 통제보다는 많은 대화를 통해 자율성과 어휘력을 키워줘야 하며, 특히 아버지가 다정할수록 자녀의 언어 능력이 더 좋아진다는 것이다. 즉, 아버지가 아이의 발달에 영향을 미친다는 것을 잘 알 수 있다.

그러나 현실은 많이 다르다. 대부분의 아이들이 아버지와 소통하는 시간은 별로 없고, 특히 아이가 점차 성장해가면서는 더욱 아빠와의 일대일 관계가 줄어든다.

인간관계의 뿌리는 '공감'에서부터 이루어진다. 공감은 아이의 비위를 맞추며 달래는 것이 아니다. 물론 그렇다고 아이를 마냥 혼내며 야단치는 것도 아니다. 아이의 감정과 욕구를 있는 그대로 인정해주는 것이다.

그러나 많은 책에서 안내하고 있는 방법처럼 공감해주는 것이 쉽지만은 않다. 그 이유는 우리가 책에서 알려주는 방식대로 자라지 못했기 때문이다. 그러니 너무 자책하지 말자. 대부분의 사람들이 다 아이와의 소통에서 공감 능력이 그다지 높지 않고, 특히 아빠는 더욱 아이의 감정에 공감해주는 능력이 떨어지니 말이다.

아버지는 지금 변신 중

그렇다면 공감 대화를 잘하려면 어떻게 하면 좋을까? 당신이 영어를 처음 배울 때처럼 많이 듣고 말해보면 가능하다. 공감 능력은 노력하면 개발이 가능하다. 또한 자신의 감정과 욕구를 잘 들여다볼 수 있으면 아이의 감정은 저절로 잘 보게 된다. 관계를 맺고, 관계를 유지하고, 갈등 해결 능력을 기르고, 화합과 협동하는 과정에서 가장 필요한 것이 공감 능력과 사회성, 리더십이다. 이러한 능력은 '아버지가 발휘할 수 있는 능력'이다!

아이의 사회적 관계의 첫걸음은 바로 부모이며, 사회성 발달 부족은 부모의 양육 태도에 달려 있다. 상대방의 마음을 이해하고, 타인의 생각과 입장을 이해하며, 자신의 주장을 적절하게 하며 타협하고 조율할 수 있도록 키워야 한다.

요즘 대세는 '친구 같은 아버지'다. 과거 엄격하던 아버지에서 여성의 사회적 진출이 많아지면서 아버지의 모습은 변신 중이다. 당신은 아이의 단짝 친구 이름을 몇 명이나 알고 있는가? 아빠가 변한다면 아이는 당장 이렇게 말할 것이다.

"우리 아빠가 달라졌어요!"

"우리 아빠 최고예요!"

"아빠 파이팅!"

다음은 아이의 사회성을 가늠해볼 수 있는 체크리스트이다. 이 항목을 통해 아이의 사회성을 살펴보기 바란다.

| 사회성이 부족한 아이 체크리스트 |

아이의 특징	해당 난에 ✔
짜증이나 화를 잘 낸다.	
신경질적이거나 공격적이다.	
"억울하다, 속상하다"라는 표현을 자주 한다.	
다른 사람의 마음에는 큰 관심이 없다.	
함께 있을 때 편안하지 않고 자꾸 신경이 쓰인다.	
상황 파악이 잘 되지 않는다.	
함께 놀 때 재미가 없다.	
혼자 놀이를 하거나 자기 마음대로 하려고 한다.	
자신은 규칙을 잘 안 지키면서 다른 사람에게는 훈계를 많이 한다.	

| 사회성이 좋은 아이 체크리스트 |

아이의 특징	해당 난에 ✔
자주 웃는다.	
공격성이 많이 나타나지 않는다.	
"행복해!"라는 표현을 자주 한다.	
다른 사람을 잘 챙긴다.	
함께 있을 때 편안하고 기분이 좋다.	
주고받는 상호작용이 잘된다.	
불평, 불만을 많이 하지 않는다	
집단 활동에 잘 참여한다.	
규칙을 잘 지킨다.	

당신의 아이는 어느 쪽에 더 가까운가? 그렇다고 체크가 더 많이 된 항목이 무엇인지를 놓고 비교해가며 걱정할 필요는 없다. 어떤

게 높고 낮은지도 크게 걱정할 필요 없다. 공감 능력과 사회성, 자존감은 꾸준한 노력에 의해 길러지기 때문이다.

아버지의 효과를 발휘하자

아이의 공감 능력을 발달시키기 위해서서는 아주 작은 것부터 실천해보는 일이 필요하다. 아이 스스로 '내가 얼마나 소중한 사람인데?'라고 느낄 수 있도록 오늘부터 당장 얼굴을 맞대고 이야기해보자. 아이가 존중받는 느낌을 갖도록 조건 없이 사랑받고 있음을 느낄 수 있도록 해보자.

아이와 휴일에 독서나 영화, TV를 같이 보면서 다양한 관점에서 감정을 느껴보는 시간을 함께 가져도 좋다. 보는 관점에 따라 상황을 다르게 볼 수 있음을 알게 해주는 것이 필요하다.

"저 장면을 보고 너는 이런 생각이 들었다는 거지?"

"저 할머니는 왜 그랬을까?"

"아빠 같으면 저 상황에서 도망가는 대신 이렇게 했을 텐데."

어떤 대화라도 좋다. 아이와 상황 속으로 들어가 등장인물의 입장에 서서 감정이입을 시켜보자. 훨씬 풍요로운 대화의 장이 열릴 것이다.

아이의 미래를 염려하는 마음은 부모 양쪽이 모두 동일하다. 그러나 아이를 바라보는 시각은 엄마와 아빠가 서로 다를 수 있다. 어떤 집은 엄마가 더 엄격하고, 어떤 집은 아빠가 더 엄격하다.

이때 가장 중요한 것은 당신에게 가장 소중한 것이 무엇인지를 기억하는 것이다. 당신에게 가장 소중한 것은 바로 아이일 것이다. 당신의 아이가 자신의 아빠, 또는 엄마가 어떤 존재로 있어주기를 바랄까? 자기 마음을 이해해주는 '친구 같은 아빠'일까 아니면 잔소리 같은 지루한 말만 늘어놓는, 전혀 딴 세계에서 온 듯한 '외계인 같은 아빠'일까? 아이가 어느 쪽을 기대할지 생각해보기 바란다.

어떤 아빠라도 아이가 잘못 되라고 꾸중하고 지시하고 훈계하고 설득하는 사람은 없을 것이다. 그러나 이렇게 하는 동안 아이는 마

| 부모 성찰 코칭 대화 |

학교로부터 아이가 친구와 싸웠다는 전화를 받았다면

일반 대화	코칭 대화
엄마 : 아, 진짜! 내가 속상해서 정말. 아빠 : 왜? 무슨 일인데? 엄마 : 애가 글쎄 학교에서 친구랑 싸웠다잖아. 담임선생님한테 전화까지 왔어. 아빠 : 뭐? 이놈의 자식! 들어오기만 해봐. (그날 저녁 식탁) 아빠 : 말해봐. 왜 싸움질하고 다니는지. 아이 : ……. 아빠 : 네가 뭘 잘했다고 묵묵부답이야? 아이 : 걔가 먼저 나더러 찌지질이라고 욕했다고!! 아빠 : 그 친구가 괜히 그랬겠어? 네가 그런 소리 들을 짓을 했으니까 그랬겠지! 아이 : 아, 말하기 싫어! 진짜 짜증나!! (쾅!! 문 닫고 방으로 들어간다.)	엄마 : 학교에서 전화가 왔네. 아빠 : 왜? 무슨 일인데? 엄마 : 애가 학교에서 친구랑 싸웠나 봐. 아빠 : 그래? 애 들어오면 다그치지 말고 이야기부터 들어보자고. (그날 저녁 식탁) 아빠 : 아들! 아이 : 왜요? 아빠 : 뭐가 그렇게 화가 났니? 아이 : 친구가 나더러 자꾸 찌질이라고 하잖아요. 아빠 : 누가 그래? 나라도 기분 나빴겠다. 그런데 그 친구는 너한테 왜 그런 소릴 한 거야? 아빠한테 자세히 이야기해볼래? 아이 : 실은 오늘 말이지요……. (이후 아들은 그날 있었던 일을 이야기한다.)

음의 문을 굳게 닫고, 더 이상 소통하지 않으려고 한다는 점을 명심하자. '좀 더 지나면, 좀 더 크면 부모 말을 이해하겠지'라고 생각하고 싶겠지만 좀 더 지나면 아이는 더욱 두꺼운 철벽 성을 쌓게 될 것이고, 거리는 더욱 멀어질 것이다.

그러니 무엇이든 아빠의 의도대로 하려고 하지 말고, 마음을 비우자. 그저 있는 그대로의 아이를 바라보면서 아이와의 시간을 즐기고 나누어보자. 지금 이 시간은 절대로 다시는 돌아오지 않는다.

품위 있는 리더로 키우기
: 인정하는 코칭 마인드

인성 교육이 필요한 때

부모들에게 "성격이 괜찮은 아이와 공부를 잘하는 아이 중 어떤 아이로 키우고 싶으세요?"라는 질문을 던지면 대부분의 부모는 이렇게 답한다.

"성격도 좋고 공부도 잘하는 아이로 키우고 싶어요."

그런데 솔직히 대답해보자. 둘 중 하나만 고르라고 한다면 과연 당신은 어떤 자녀의 모습을 선택할까?

마크 저커버그(Mark Zuckerberg)부터 오프라 윈프리까지 오늘날 성공했다는 사람들의 공통점을 찾아보면 이들은 자신의 이익을 넘어 타인과 세상을 위해 의미 있는 일을 하고 있음을 알 수 있다. 21세기는 이처럼 타인과 더불어 새로운 가치를 만들어내는 일이 성공의 주요 요건이다. 자신을 조율하고 타인과 함께 살아갈 수 있는 기초 능력인 '인성 교육'이 절실한 시기가 된 것이다.

인성을 한마디로 정의 내리기는 어렵지만 대개는 성격, 인격, 본성, 마음 등과 같은 여러 단어로 표현되며 선천적으로 타고난 기질과 후천적인 환경의 영향에 의해 나타나는 것이 특징이다. 출산율이 하락하고 외동아이를 둔 가정이 늘어나면서 아이의 인성 교육과 사회성 발달을 걱정하는 부모들이 많다. 물론 외동아이로 자란 아이들은 형제들끼리 부대끼며 인간관계를 맺을 기회를 많이 가진 형제보다 인성이나 사회성을 키울 기회가 부족할 수 있다. 그러나 소아청소년 정신과 전문가들은 외동아이가 인성이나 사회성이 부족한 경우 형제가 없는 상황 그 자체보다는 부모의 양육 태도나 가정환경이 더 큰 영향을 끼친다고 말한다. 자녀들이 어린 시기에 가지고 있는 기질을 부모가 어떻게 다루어주느냐에 따라 자연스럽게 인성을 기를 수 있다는 것이다.

성공과 행복의 밑거름

아이의 인성은 부모와의 대화, 교육 방식, 가정환경 등의 영향을 받아 조금씩 형성된다. 부모가 의도했든 의도하지 않았든 자녀는 부모의 언어, 생활 모습, 문제 해결 및 갈등 조절 방식, 가치관 등을 보고 듣고 배우면서 인성을 형성한다.

협력과 집단지성이 중요해진 요즈음, 성공의 의미는 달라졌다.

남을 밟고 올라가는 성공이 아닌 서로 협력해 다 함께 높은 곳을 향해 나아가는 것이 진정한 성공이라는 주장에 공감하는 사람들이 늘고 있다. 대기업의 입사 시험에 인성 항목이 있는 것도 그런 맥락이다. 이때 인성은 성공과 행복의 주된 밑거름이 된다.

부모 교육 강의를 나갈 때면 많은 엄마들이 이렇게 질문한다.

"교수님, 저희 애는 자기밖에 모르고 이기적이라서 정말 힘들어요", "저희 애는 기다릴 줄 모르고, 너무 성급하고 참을성이 없어요. 어떻게 해야 할지 정말 난감해요!"

그럼 나는 이렇게 되묻는다.

"그럼 그런 아이에게 어떻게 말하세요?"

이때 엄마들의 답변은 "도대체 누굴 닮아서 그래?", "어떻게 너는 네 생각만 하니? 엄마가 좀 기다리라고 했지?", "엄마도 지금 바쁜데 도대체 왜 그래? 왜?" 등 대개가 비슷하다.

그러나 이렇게 반응하면 아이는 자존감이 떨어지고 더욱 삐딱하게 된다. 아이가 좀 더 정신적으로 건강하고 품위 있게 성장하려면 부모가 아이를 바라보는 시각의 전환이 필요하다.

선택은 스스로의 몫임을 가르친다

그렇다면 코치 부모로서 어떻게 접근하는 것이 좋을까? 아이들에게 각각 역할 놀이를 하게 해주는 것이 하나의 방법이 될 수 있다. 엄마나 아빠가 되어 각자 맡은 역할에 따라 가꾸고 돌보는 대상을 만들어주는 것이다. 또래들과 어울릴 때는 물건을 나누어 쓰게 하는 것도 작은 실천 방법이 될 수 있다.

중요한 것은 이러한 과정 중에 단순히 자신의 감정과 욕구를 억누르고 억제하라고 알려주는 것이 아니라, 현재 자신의 감정을 충분히 알아차리고 잘 표출하도록 알려주는 것이다. 화가 났을 때는 어떻게 화를 낼 것인가를 먼저 생각하도록 가르치는 식이다. 선택권은 오로지 자신에게 있으며 좋은 말로 잘 풀어내는 것이 바람직하다는 것을 스스로 느낄 수 있도록 말이다. 단순히 참기만 한다면 쌓이고 쌓여 곪아 터질 테니까.

그리고 자신의 마음 안에 있는 긍정적인 생각을 상대방에게 잘 베풀어야 소통도 가능하고, 좋은 관계도 형성할 수 있음을 알려주어야 한다. 긍정적인 마음이 없으면 제아무리 좋은 말을 들어도 꼬아 듣거나 의심할 수 있다.

또한 공동체의 이익이 자신의 이익으로 연결됨을 알게 해주어야 한다. 자신의 이익보다 좀 더 통 크게 계산해 순간적으로 조금은 손해 보는 것처럼 보여도 결국 장기적으로 보았을 때 자기에게도 이득이라고 생각할 수 있도록 생각을 열어주어야 한다. 이렇게 자신을 조율할 줄 알고 공감할 수 있도록 부모가 일상에서 자신의 말과 행동으로 모범을 보여주고 자녀들을 긍정적 감정의 세계로 초대할 때 아이들은 비로소 건강하고 품위 있는 주도적인 셀프리더로 성장할 수 있다. 아이 주변 모든 것이 아이의 미래를 만들 수 있음을 잊지 말아야 한다.

| 부모 성찰 코칭 대화 |

아이가 문구점에서 몰래 포켓몬 카드를 가져왔다면

일반 대화	코칭 대화
엄마 : 아들, 이거 뭐야? 못 보던 건데 어디서 났어? 아이 : 응, 있잖아, 친구가 똑같은 것 두 개 있다고 하나는 나 줬어. (말은 하지만 엄마와 눈을 못 맞춘다.) 엄마 : 엄마 보기엔 아닌 것 같은데? 솔직히 털어놓으시지! 어디서 났어? 경찰서 가야겠네. 아이 : ……. (훌쩍거린다.) 엄마 : 진짜 너는 커서 뭐가 되려고 그러니? (이후로 건설적인 대화는 중단되고, 아들이 저지른 문제는 해결하지 못한 채 혼나고 꾸중하는 일로 마무리된다.)	엄마 : 아들, 이거 뭐야? 못 보던 건데 어디서 났어? 아이 : 응, 있잖아, 친구가 똑같은 것 두 개 있다고 하나는 나 줬어. (말은 하지만 엄마와 눈을 못 맞춘다.) 엄마 : (아이와 눈을 맞추며) 그랬구나. 엄마는 어떻게 된 건지 좀 더 자세히 알고 싶은데 말해줄 수 있을까? 아이 : 실은 엄마 내가……. (머뭇거리다가 사실을 털어놓는다.) 엄마 : 우리 아들이 포켓몬 카드를 갖고 싶었구나? 하지만 아무 말도 안 하고 가지고 와도 될까? 아이 : 그러면 안 되지. 엄마 : 그럼 이 사실을 문구점 아저씨께 어떻게 알리면 좋을까? 아이 : 문구점에 다시 갖다줄게요. 그런데 혼자 가기 무서워요. 엄마랑 같이 가고 싶어요. 엄마 : 그래, 엄마랑 같이 가서 잘못했다고 말씀드리고 주인 아저씨께 용서를 빌어보자. 할 수 있지? 아이 : 네~ 엄마!

자존감을 찾게 하다
: 삶을 주도하는 셀프리더십

아이가 주인공이 되는 삶

'자존감'이란 대체 뭘까? 코치인 한 제자는 초중고등학교에서 자존감 수업을 많이 진행하고 있다. 그래서 하루는 그에게 물었다.

"자존감 수업에서는 뭘 가르치나요?"

그러자 제자가 말했다.

"교수님, 자존감 수업에서는 뭘 가르치진 않습니다. 아이들이 자기 자신을 존중하는 방법을 스스로 찾아가도록 돕고, 자신의 삶을 주도적으로 살아가는 방법들을 다양한 활동과 코칭 질문을 통해 익히도록 도울 뿐이지요."

우리 세대의 부모들은 아이들을 부모의 교육관에 맞추어 양육하는 것이 일반적이다. 그 결과 아이들은 자신의 삶을 스스로 주도해서 살아가는 것이 아니라 부모의 기대에 맞추어 살아가고 있다. 그러다 보니 학교 부적응이나 또래 관계에서 어려움을 겪는 일이 종종 발생한다.

그렇다면 아이를 잘 양육하는 방법은 뭘까?

스티븐 코비 박사는 성공하는 삶을 살아가기 위한 첫 번째 습관으로 "주도적인 삶을 살라"고 이야기한다. 이 말은 곧 자기 삶의 주인이 되라는 말이다.

그런데 우리 아이들의 모습을 보자. 지금 당신의 아이는 자신의 삶을 주도적으로 살아가고 있는가? 자존감이 높은 아이로 잘 자라고 있는가? 부모인 당신은 아이를 자존감이 높은 아이로 잘 양육하고 있는가?

리더 부모인가 관리자 부모인가

그렇다면 아이가 자신의 삶을 주도적으로 살아가게 하려면 어떻게 해야 할까? 리더(leader)와 관리자(manager)의 차이를 보면 부모의 주도적인 삶의 방향이 어디를 향하고 있는지 이해하는 데 많은 도움이 된다.

리더는 '무엇(What)'을 강조하는 반면에, 관리자는 '어떻게(How to)'에 초점을 맞춘다. 즉, 리더형 부모는 '아이가 무엇이 될 것인가?', '무엇을 할 것인가?', '아이에게 무엇이 의미가 있는가?'에 초점을 맞추는 경우, 아이는 스스로 동기화되어 실행력이 높아질 것이다.

그러나 관리자형 부모가 된다면 부모는 아이의 학원가는 일, 숙제하는 일, 게임을 줄이는 것, 밥 챙겨 먹이는 일 등을 철저히 관리하는 입장이 된다. 다시 말해, 무엇을 위해 그것을 하는지는 알지 못한 채, 밀린 학습지를 보면서 화를 내게 되는 것이다. 리더는 효과성을 추구하지만 관리자는 효율성을 추구하기 때문이다.

'효과성'이란 높은 사다리에 오른다고 했을 때 사다리에 빨리 올라가는 것에만 집중하는 것이 아니라 어떤 사다리에, 어떤 방식으로 올라가느냐에 집중하는 것이라 할 수 있다. 반면 효율성이란 어떤 사다리든 상관없이 무조건 빨리 올라가는 것에 집중하는 것을 말한다. 사다리를 빨리 올라가는 것에만 집중하다가 엉뚱한 사다리에 1등으로 올라갔다면, 효율성은 있었으나 효과성은 없다고 말할 수 있다.

결국 아이를 몰아붙여서 1등을 하게 만들 수는 있으나, 그 1등이 인생을 성공적으로 이끄는 것은 아닐 수도 있다. 그래서 올바른 리더로서의 부모는 아이와 서로 협의하고, 함께 앞으로 나아갈 방향을 정하는 부모이다. 만약 부모가 방침을 정한 후 그 방침을 아이가 따르기만을 요구한다면 그 부모는 관리자형 부모일 것이다.

그런가 하면 보스형 리더십을 발휘하는 부모도 있다. 이런 부모는 자기 혼자 많이 말하고 방향을 주도하고 결정하고 추정하며 단정한다. 또한 아이들을 통제하려고 하고 지시와 명령으로 아이를 움직이려고 한다. 그리고 결과를 우선시하고, 이유나 원인 또는 잘잘못을 따진다. 권위적이며 카리스마적인 색깔을 많이 띤다.

그러나 코치형 리더십을 발휘하는 부모는 많이 듣고, 질문하고,

아이가 잘못된 결정을 하지 않도록 함께 검토하고 막아준다. 어떤 일에서든 탐구하고 조사하며 아이에게 위임하여 의욕을 갖게 하며 중요한 일은 아이와 함께 움직인다. 아이가 최선을 다하는 과정을 우선시하며 책임을 나눠 지고 관계를 중요시한다. 아이를 잘 돌보고 지원해준다. 아이의 동기나 욕구에 관심을 갖고 능력 발휘를 할 수 있도록 도와주는 노력이 필요하다. 당신은 부모로서 어떤 리더십을 발휘하고 있을까?

자존감은 뿌리 깊은 나무로 성장하기 위한 밑거름

"선생님, 자존감을 높이기 위한 다양한 활동 중 한 가지만 가르쳐줄 수 있나요?"

나는 코치 제자에게 다시 물어봤다.

"아이들에게 처음 만났을 때 질문을 합니다. '얘들아, 자신감과 자존감이 어떤 차이가 있는지 아는 친구?' 그러면 대부분의 아이들은 자신감과 자존감을 같은 것으로 이해하는 경우가 많아요. 그럴 때면 저는 아이들에게 이렇게 설명합니다. 여기 두 그루의 나무가 있단다. 한 나무는 둘레가 한 아름이 넘고 뿌리도 밖으로 나와 있어서 사람들에게 '와, 멋있다. 진짜 보기 좋은걸'이라는 말을 자주 듣지. 그런데 여기 한 나무는 둘레도 작고 멋진 뿌리가 밖으로 나와 있지 않아서 평범해 보이지. 그런데 말이야 아주 거센 태풍이 불었어. 아주 큰 태풍에 나무는 어떻게 되었을까? 멋지고 큰 나무는 뿌리가 밖으로 나와 있어서 그만 뿌리가 뽑혀버리고 말았어. 그런데 그 옆에 있던 평범한 나무는 나무가 부러지긴 했지만 뿌리가 뽑히지는 않았지. 이 두 그루의 나무는 나중에 어떻게 되었을까?"

제자의 말을 듣고 나는 생각했다.

'크고 멋진 나무는 뿌리째 뽑혀서 더 이상 이 세상에 존재하지 않겠구나.'

자존감은 바로 위와 같다. 그럼 자신감과 자존감은 어떤 차이가 있는 걸까? 자신감은 자신을 믿는 마음이고 자신감이 있다는 것은 어떤 일을 하는 데 두려움 없이 당당하게 하는 마음의 상태를 말한다. 당연히 세상을 살아가는 데 자신감을 가지는 것은 필요한 일이다. 한편, 자존감이란 자신을 존중하는 마음을 말한다. 자신을 존중한다는 것은 외모, 성격, 성적 등에 대해서 비판하거나 평가절하하는 것이 아니라 자신을 있는 그대로 존중하고 아껴주는 심리 상태를 말한다. 부모로부터 사랑을 받지 못하면 아이들은 자연스럽게 자아존중감도 낮아진다. 평범했던 나무는 땅속 깊이 튼튼한 뿌리를 박고 있어서, 부러지긴 하지만 다시 새싹을 틔우고 더 튼튼하게 자랄 수 있다.

당신은 자녀가 어떤 아이로 자라기를 바라는가? 아마도 자존감이 높은 아이, 스스로 주도적으로 행동하는 아이로 자라기를 바랄 것이다.

이러한 아이를 '셀프리더십(self-leadership)'을 발휘하는 아이라고 한다. 셀프리더십은 미국의 경영학자 찰스 C. 만즈(Charles C. Manz)

와 헨리 P. 심스(Henry P. Sims)가 1989년 Y이론에 입각해 개발한 리더십 모델이다. 만즈와 심스에 따르면, 셀프리더십은 "스스로 자기 자신에게 영향을 미치기 위한 과정, 즉 자기영향력(self-influence)을 행사하기 위해 사용되는 사고 및 행동전략을 통틀어 일컫는다"라고 정의를 내리고 있다.

다시 말해, 셀프리더십이란 스스로 자신을 리드하기 위해 취하는 행동으로서 책임 있는 행동이라고 말할 수 있다. 즉 자율과 책임이 주어질 때 사람들이 스스로 책임자로서 행하는 독특한 행동이 바로 셀프리더십이다. 여기서 셀프(self)의 의미는 '자아'의 개념으로 이해할 수 있는데, 이는 인간 내부의 기본적인 성향인 '자율성'을 강조한 것으로서, 타율적인 성향에서의 리더십이 아니라는 점을 강조한 것이다. 이러한 셀프리더십은 타고난 것이 아니라 학습을 통해 얻어지는 것으로, 모든 사람이 누구나 유능한 셀프리더는 아닐지라도 어느 정도는 셀프리더십을 발휘하고 있다.

셀프리더십은 외부로부터가 아닌 인간 내부로부터 비롯된다는 시각에서 출발한다. 이것은 성인에게만 국한된 것이 아니다. 자신의 사고와 감정을 잘 이끌 수 있도록 유아기 때부터 스스로 생각하고, 스스로 판단하고, 스스로 실천할 수 있도록 습관이 된 아이는 스스로 한 일이 잘 이루어지면 자신감을 갖고 일이 잘못되면 그 결과에 대한 책임도 스스로 질 줄 아는 사람으로 성장해나간다. 그리고 결과적으로 긍정적인 친구 관계를 형성하여 다른 사람들에게 책임감 있는 사람으로 신뢰감을 주게 된다. 그러므로 잠재력이 많은 아동기 때부터 자신을 잘 관리할 수 있는 셀프리더십을 발휘하도록 부모가 먼저 셀프리더십을 발휘해야 한다.

아이의 셀프리더십을 높이고 자존감을 높이기 위해서 부모는 어떤 역할을 해야 할까? 코칭은 질문의 철학이다. 아이를 양육할 때 부모가 중립적인 언어로 코칭 대화를 통해 질문하는 습관을 가지다 보면 아이는 어느 순간 자존감이 높은 아이로 성장해 있을 것이다.

아이의 생각을 존중해주고 아이가 스스로 자신의 삶을 계획하고 책임감을 가지고 자라나도록 열린 시각으로 아이를 바라봐줄 때 아이의 자존감은 높아져서 스스로 자신의 삶을 주도하는 멋진 아이로 성장할 수 있다.

| 부모 성찰 코칭 대화 |

아이가 체육대회 연습이 힘들다고 투털댄다면

일반 대화	코칭 대화
엄마 : 우리 아들 표정이 왜 그러니? 어디 아프니? 아이 : 아니! 이 더위에 무슨 체육대회 연습을 한다고. 이 땡볕에 운동장에서 연습을 시키잖아. 엄마 : 아이쿠~ 학교는 뭐 한다니? 그냥 아이들 공부나 시키지 무슨 이 날씨에 체육대회 연습이람? 그냥 엄마가 전화해줄 테니 아프다고 하고 빠질래? 아이 : 힘들어 죽겠는데 그럴까?	엄마 : 어? 표정이 왜 그래? 어디 아파? 아이 : 아니! 이 더위에 무슨 체육대회 연습을 한다고 힘들어 죽겠어. 엄마 : 아이고 힘들었겠네. 엄마가 얼른 시원한 얼음물 만들어줄게. 그런데 학교에서 친구들과 연습을 시키는 데도 이유가 있을 것 같은데? 아이 : 하긴 호흡 맞춰 연습해보니 안 되던 것도 잘되더라고. 재미있기도 했어. 애들이랑 연습하면서. 하하 엄마, 단체복을 맞췄는데, 우린 이소룡 패션이야. 우리 반이 가장 멋진 듯!

가정은 가족의 행복 놀이터
: 감정 코칭을 위하여

아이들은 부모에게 상처받는다

내가 교수로 재직하고 있는 남서울대학교 박사과정 중에 있는 한 선생은 청소년을 대상으로 감정 코칭을 한다. 감정을 다루는 코칭에 대한 강의를 진행하던 중 현장에서 느끼고 있는 안타까움에 대해 이야기를 해준 것이 기억나서 잠시 소개하고자 한다.

"교수님, 학교 현장에서 아이들을 만나면서 정말 속상한 게 뭔지 아세요? 아이들을 만나다 보면 부모로부터 받은 상처들이 정말 많다는 거예요."

"어떤 부분에서 그런 점이 느껴졌어요?"

"아이들과 신뢰가 충분히 쌓이고 나면 아이들이 저에게 한결같이 하는 말이 있어요. '저희 엄마, 아빠도 선생님처럼 제 마음을 알아주면 좋겠어요'라는 말이에요."

"저런, 정말 안타까운 이야기네요. 좀 더 이야기해줄래요?"

"한 아이는 엄마가 돌아오시기 전까지 정말 열심히 공부를 하다가 잠시 쉬는 시간에 스마트폰을 하고 있었는데, 엄마가 들어오더니 '아이고, 또 스마트폰이냐? 지금 네가 스마트폰이나 하고 있을 시간이야?' 하고 다짜고짜 화를 내면서 막 뭐라고 하더라는 거예요."

"그래요? 정말 속상했겠네요."

"저도 아이의 말을 듣고 매우 안타까워서 아이에게 그럴 때는 어떻게 하느냐고 물었어요. 그랬더니 아이가 자기는 그럴 때마다 입을 꾹 닫아버리고 아무 말도 안 한다고 하는 거예요. 대부분의 부모님들이 아이들의 감정은 무시한 채 행동을 먼저 바라보고 행동에 대한 지적과 함께 훈계하는 모습부터 보인다는 점이 저는 가장 안타까웠어요. 아이들이 부모로부터 자신의 존재가 무시당하는 듯한 엄청난 감정을 경험하게 된다는 사실이 말이에요."

코칭 대화는 소통의 지름길

그 코칭 선생님의 말대로 많은 부모들이 아이의 마음을 헤아려주지 않고, 눈에 보이는 모습만으로 아이를 판단하고, 부모의 잣대로 아이를 재단하는 경우가 많다. 그런 경우 아이들의 마음은 부모에게서 점점 멀어지고, '이 세상에는 어느 누구도 내 마음을 알아주지 않아'라고 생각하면서 마음의 문을 걸어 잠그게 된다.

우리는 일상생활에서 다양한 감정들을 경험한다. 감정은 정말 중요하다. 그리고 감정은 좋고 나쁨이 없다. 그런데 우리는 부정적인 감정에 대해 조심스러워한다. 아마도 그것은 우리 세대가 자라온 환경의 영향이 클 것이다. 동방예의지국이라는 수식어를 가지고 있는 우리나라 정서상 감정을 표현하는 것에 많이 서툴렀던 것이 사실이다. 어쩌면 이런 사회 문화가 우리가 자녀들을 대할 때 고스란히 전달되고 있는 것인지도 모른다.

현장에서 부모 교육을 하다 보면 부모들이 가정에서 자녀들과 소통하면서 많이 저지르는 실수가 있다. 그것은 어떤 상황이 벌어졌을 때 감정을 먼저 읽어주기보다 바로 행동 교정에 들어간다는 것이다. 이럴 때 필요한 것이 감정 코칭이다. 감정 코칭은 마음을 먼저 읽어주고 공감해주고 난 다음 아이의 행동에 대해 올바른 방향으로 코칭 대화를 하는 것이다.

가족 간에 대화할 때 감정을 전혀 읽어주지 않고 대화를 한다고 가정해보자. 아마 단 5분도 안 되어서 가족은 제각각 자기 방으로 흩어지고 말 것이다.

내가 코칭을 알고 코칭에 대한 연구를 지속적으로 하면서 맞이한 변화 중 하나는 바로 감정 인식에 대한 민감성이 길러진 것이다. 감정 인식에 대한 민감성이 커진 덕분에 나는 가족 간에 코칭 대화를 하면서 서로 원활히 소통할 수 있게 되었고, 이러한 소통이 가족의 긴밀한 유대감을 기르는 데 지대한 영향을 끼쳤다고 해도 과언이 아니다.

사돈에게 들은 딸의 자퇴 소식

지난 학기에 있었던 일이다. 중학교 1학년인 아들이 시험 기간에 시험을 못 봤다고 속상해하면서 투정을 부린 일이 있었다. 그때 나는 "열심히 공부했는데 시험을 망쳐서 속상하구나!"라고 아이의 감정을 먼저 읽어주었다. 그랬더니 속상해하며 어쩔 줄 몰라 하던 아들은 "응! 정말 속상해. 엄마!"라고 바로 자기 마음을 풀어놓았다.

만약 이때 내가 보통 엄마들처럼 "그러니까 좀 더 열심히 해야지"라고 훈계를 먼저 했다면 결과는 어땠을까? 아이는 자신의 마음도 몰라주는 엄마라고 오히려 화를 내고 서운해했을 것이다. 또 아들이 듣고 싶었던 말은 조언과 훈계가 분명 아니었을 것이므로 아이와 나 사이는 멀어졌을 것이다. 다행히도 아이가 지금 어떤 마음일까를 먼저 생각하고 아이의 감정을 읽어주었더니 아들은 더 이상 속상해하지 않고 다음 날 시험 준비를 하는 모습을 볼 수 있었다.

그러나 나라고 늘 감정 통제에 성공하기만 했던 건 아니다. 나도 무참히 실패한 적이 있었다. 나의 딸은 미국에서 석사과정을 졸업하고 자신의 전공 분야에서는 최고 수준의 명문대 박사과정에 합격했다. 딸이 합격한 순간 나 역시 딸과 함께 기쁨의 눈물을 흘렸다. 이후 딸은 박사과정을 순조롭게 진행하고, 목표하던 교수도 자연스럽게 잘될 것이라고 기대했다. 그러나 딸은 입학 후 세 달쯤 흘렀을 때 학교를 그만두고 싶다고 연락을 해왔다. 나는 딸과 이런저런 대화를 나누었고, 딸은 그동안 마음으로 무척 힘들었다고 눈물을 흘리며 자신의 고충을 털어놓았다.

나는 코치로서 일단 이해하고 공감하고 수용해야 함을 잘 알고 있었기에 충분히 공감해주었다. 또한 박사학위를 따려면 박사과정과 박사논문까지 5년은 해야 하는데 너무 연구에만 몰두하는 것이 싫으면 어쩔 수가 없는 일이라고 말했다.

그런데 그다음 날 나는 딸의 시아버지인 사돈으로부터 전화를 받았다. 며느리가 학교를 자퇴했다는 연락을 받았는데 알고 있느냐는 것이었다. 나는 딸이 나에게 전화한 지 하루 만에, 그것도 나와 의논도 없이 이미 자퇴를 했다는 말에 너무 깜짝 놀라고 화가 났지만 사돈께는 "알고 있었다"고 말씀드렸다. 그러나 속으로는 매우 충격을 받았다. 내가 어제 아이를 위로했으니 그다음에는 어떤 순서가 있을 것이라고 생각했지, 바로 학교를 자퇴한다는 생각은 하지 않았다. 그런데 그 사실을 사돈에게 듣다니…….

나는 분노가 폭발하여 딸에게 엄청나게 퍼부었다. 그러자 딸은 이렇게 말했다.

"엄마, 엄마가 어제 허락한 것 아니었어요?"

"나는 공감을 한 것이지, 허락을 한 것은 아니었어."

서로 인식의 차이가 컸었다. 그 이후 나는 몇 달 동안 딸의 그 당시 처리 방법에 대해 많이 언짢아했고, 딸은 많이 위축되는 듯했다.

양파 같은 감정의 속내를 알아차리자

그로부터 1년 후 딸은 나에게 말했다. 그 당시 많은 사람들이 자기가 갈 길을 찾아간다고 축하해줬는데 엄마만 화를 냈다고. 그래서 나는 "너에게 그동안 네 삶의 방향에 대해 스스로 선택할 많은 기회를 주었는데 지금 와서 그렇게 하는 것이 뭐냐?"라고 되물었다. 그러자 딸아이는 본심을 말했다.

"엄마, 사실 나는 교수가 되고 싶지는 않았어. 다만 엄마가 무언의 압력을 행사하는 듯하여 그렇게 했어요."

이 말에 나는 더욱 황당했다.

"무언의 압박이라니?"

나는 이제껏 어떤 압박도 가한 적이 없어 더욱 억울했다.

"엄마, 사실 엄마는 나에게 엄청난 모델링이자 너무 중요한 사람이기에 엄마의 기대에 부응하고자 했어요. 그래서 엄마가 직접 말하지 않아도 나에게 엄청 영향을 미치고, 무언의 압력 같은 것이 있었어요. 그러나 이제는 진정으로 내가 원하는 삶을 살고 싶어요."

나는 딸의 이야기를 듣고 생각했다. '우리 딸에게 내가 엄청 중요한 사람이구나', '나는 딸에게 큰 영향을 미치는 중요한 존재였구나'를 다시금 깨달았고 감사한 마음까지 들었다. 그리고 딸이 원하는 삶에 대해 그 마음을 헤아려주는 데 실패한 듯했다.

다시 그때 상황이 온다면 나는 그냥 한마디 짧게 "엄마와 조금 더 상의하고 결정했더라면 더 좋았을 텐데 아쉽다. 그래도 스스로 그런 결단을 내린 것에 관해 인정하고 축하한다"라고 말할 것이다. 상대의 감정에 대해 있는 그대로 수용하는 것이 가장 중요하다고 믿는 까닭이다.

가족 간에 효과적으로 의사소통을 하고 싶다면 감정에 대한 민감성을 기르고 감정을 먼저 읽어주는 연습부터 해보자. 감정은 양파와 같다. 겉으로 드러난 감정이 전부가 아니라는 이야기다.

딸은 1년 정도 시간을 가진 뒤 로스쿨을 가기 위해 공부 중이다. 로스쿨은 내가 아이에게 최상으로 기대한 직업이기도 했다. 아이의 말이 이랬다.

"엄마, 내가 아직 최종 결정은 아닌데 로스쿨을 갈까 해요. 다만 우려되는 부분은 공부하는 비용인데, 내가 또다시 엄마에게 의존하고 그래서 진정으로 원하는 대로 하지 못할까 봐 말을 꺼내기는 쉽지 않은데……."

나는 딸의 이야기를 듣고 대답했다.

"그래, 네가 그렇게 결정했으니 축하한다. 너에게 학비를 빌려줄 수는 있어. 석사까지 시켜줬으니 변호사가 된 후 다 갚는다는 전제 조건으로 학비를 지원해줄게."

딸과 나는 이제 완전 화해 모드이다. 사실 우리는 상대를 다 아는 듯해도 진정으로 다 안다는 것은 요원하다. 나 자신도 나를 잘 모르는데 하물며 타인을 어찌 다 이해할까? 아이도 남편도 동일할 것이다. 이제 딸은 스스로 한 결정에 대해 책임을 다하기 위해 최선을 다할 것이다. 이처럼 감정 속에 숨어 있는 속내를 읽어주다 보면 그 속에 숨어 있는 기대가 나온다. 기대가 충족되지 않았을 때 감정이 격하게 표현되기도 한다.

당신의 집을 행복한 곳으로 만들고 싶다면 가장 쉬운 감정 읽기 게임부터 시작해보자. 가족 중 한 사람이 자신의 감정을 표정으로 나타내면 다른 가족들이 표정을 보고 감정을 알아맞혀보는 것이다. 그리고 아이의 감정이 애매하다면 "지금 네 기분이 어때?"라고 질문을 던져보자. 그러고 나서 아이의 감정을 충분히 읽어주고 코칭 대화를 통해 진짜 원하는 게 무엇인지, 어떤 결과를 얻고 싶은지, 원하는 것들을 얻기 위해 무엇을 해볼 것인지를 질문하자.

| 부모 성찰 코칭 대화 |

아이가 열심히 하던 일을 그만두려고 할 때

일반 대화	코칭 대화
아이 : 엄마, 나 이제 그 일 그만둬야겠어. 엄마 : 또 그만둔다고? 너는 뭘 진득하게 하는 일이 없니? 아이 : 뭐~ 내가 언제 그랬다고. 엄마 : 아니긴 뭐가 아니야. 지난번에도 얼마 안 하고 그만뒀잖아. 아이 : 알았어. 엄마 : 알긴 뭘 알아?	아이 : 엄마, 나 이제 그 일 그만둬야겠어. 엄마 : 왜? 무슨 일이 있었니? 아이 : 아니, 그냥 나한테 그 일이 좀 안 맞는 것 같아. 엄마 : 그래? 그동안 노력했는데…… 어떤 면에서 좀 안 맞는 것 같은데? 아이 : 그냥 좀 보람이 없는 듯하고, 흥미도 떨어지고. 엄마 : 그렇구나. 보람이 없다는 것은 어떤 면에서 그래?

4장

내 아이를 위한 코칭법

하루만 아이들의 베프가 되어주자

공감은 존중에서 온다

요즘은 최고로 친한 친구를 '베프(베스트 프렌드)'라는 말로 줄여서 쓴다. 영어로는 BF(Best Friends)라고도, BFF(Best Friends Forever)라고도 쓰는데 아이들이 '베프'라고 하는 친구들과 대화하는 것을 보면 표정이 살아 있다.

베프와 대화할 때 아이들은 무한 추임새와 감탄사를 사용하고, 베프의 몸동작을 자신도 모르게 따라 하기도 한다.

'베프'와 함께하면 신난다. 당신은 아이의 베프인가? "우리 엄마가 나의 베프예요"라고 아이가 말한다면 분명 부모와 자녀 관계는 아주 멋지다고 볼 수 있을 것이다. 아이의 베프가 되려면 일단 잘 들어주는 것이 기본이다.

강의에 지쳐 집에 돌아온 어느 날 "아, 피곤해!"라는 내 말에 남편은 한 치의 망설임도 없이 이렇게 말했다.

"운동해!"

헉! 남편의 반응에 나는 기분이 언짢아졌다. 공감은커녕 저런 훈수를 두다니, 남편은 베프의 'ㅂ' 근처에도 못 갔다. 힘든데 위로는 못 해줄망정 마치 선생처럼 나를 가르쳤기 때문이다. 일단 감정을 헤아려주고 공감을 해주면 사람들은 스스로 자각한다.

'내가 왜 피곤하지? 아! 운동을 지속적으로 안 해서 그렇군. 앞으로 운동을 꾸준히 해야겠네.'

이처럼 스스로 성찰이 되도록 기다려줘야 한다. 남편이 나의 투정에 "힘들겠네! 수고했어요. 어서 쉬어"라고 말해주었다면 나는 존중받는 느낌이 들었을 것이다.

자녀와의 대화도 마찬가지다. 자녀들은 해결책을 제시해주기보다는 마음을 읽어주기를 원한다. 두 사람이 대화하고 있다고 가정해보자. 한 명은 말을 하고 있고, 한 명은 말을 듣고 있다고 가정한다면 대화의 분위기와 내용을 결정하는 사람은 누구일까? 대부분 말을 하고 있는 사람이라고 생각하겠지만, 실제로는 듣는 사람의 반응과 태도에 따라 분위기가 좋아지기도 하고 관계가 틀어지기도 한다.

잘 듣는 것이 소통의 시작이다

딸과 대화를 나누고 있을 때의 일이다. 이야기 중에 전화가 자꾸 와서 몇 번 받았더니 딸은 몹시 언짢아하면서 싫은 내색을 했다. 나의 듣는 태도가 좋지 않다는 것이다. 부모와 자녀 간에도 지켜야 할 예의가 있기에 나는 바로 반성하고 집중과 경청 모드로 들어갔다. 그러자 분위기가 금방 좋아졌다. 이처럼 경청은 관계에서 매우 중요하다.

살아오면서 당신에게 최고의 경청자는 누구였나? 그때 당신의 기분은 어땠는가?

사실 최고의 경청자를 찾기란 쉽지 않을 것이다. '경청(傾聽)'은 '몸을 기울여 존경의 자세로 귀로 듣고 눈으로 보고 마음으로 들으라'는 뜻이다. 귀만 열고 멍하니 듣는 자세가 아니라 집중해서 온 마음을 열고 듣는 자세를 말함이다. 막힘없이 말만 잘하는 것이 아닌, 듣는 것을 잘하는 것이 바로 소통의 시작이다.

나는 아들과 대화할 때 아이가 아주 어릴 때부터 경청하기 위해 노력했다. 가급적 눈높이를 맞추고 집중했다. 어느 날 아이가 나를 불렀다. 그리고 키를 낮추라고 하더니 귓속말로 이렇게 말했다.

"엄마, 내가 중요한 말을 할 테니 내 말 잘 들어."

아이의 그러한 태도에 나는 많이 놀랐다. 어릴 때부터 소통하는 방법을 아이가 그대로 배운 것이다. 경청과 말하기는 아이들이 엄마의 태도를 그대로 모방한다. 주로 아빠가 지시적인 경우, 아이들도 지시적일 가능성이 높다. 그대로 모델링되기 때문이다. 엄마가 눈높이를 낮추고 아이의 말을 귀담아 들을 때 아이 또한 그대로 따라 한다.

잘 듣는 세 가지 기술

잘 듣는 데에도 기술이 필요하다. 경청의 세 가지 요소는 '비언어적 요소', '추임새', '감정을 이입해서 표현하기'로 정의할 수 있다.

첫째, 비언어적 요소로는 눈빛과 표정으로 공감하기, 호기심 어린 눈빛으로 표정 따라 하기(facing) 등이 있다. 상대가 거울과 대화하는 것같이 편안함을 느끼도록 대화에 집중하는 것을 말한다.

둘째, 추임새는 "정말?", "진짜?", "대~~박!!", "웬일이니?" 등과 같은 말을 넣어 맞장구를 치거나 감탄사로 "그랬구나!", "저런", "우~~와!!", "대단한데!"를 사용하는 것이다. 이렇게 추임새를 넣은 후 아이의 말을 "그래서 네 말은 ~라는 거지?" 하는 식으로 요약해주면 대화에 집중하고 있다는 느낌을 강하게 줄 수 있다. 아이는 당연히, 부모에게 더 많은 이야기를 해줄 것이다.

셋째, 감정을 이입해서 표현하기는 아이의 입장과 감정을 상상해본 후에 공감을 표현하는 것이다. "그래, 나라도 기분이 나빴을 것 같아", "네가 참 당황했을 것 같아"라고 아이의 감정을 알아주어 힘을 얻도록 해주는 것이다. 이 반응은 아이가 상황을 객관적으로 바라볼 수 있도록 도와준다.

사람들은 화가 나면 대개 아무 말도 안 들리는 지경에 이른다. 이것은 아이뿐 아니라 어른도 마찬가지다. 그런데 엄마라는 사람들은 이때 꼭 하고 싶은 말을 쏟아내고 만다. 하지만 그때는 감정의 홍수 상태라 이성보다는 감정이 뇌의 대부분을 차지한다. 그래서 말이 필터를 거치지 않고 거칠게 나오기 쉽다.

이때는 흥분 상태가 지나가도록 내버려두어야 한다. 그러고는 시간이 흘러 점차 감정이 회복된 안정된 상태에서 말을 해야 한다. 이러한 감정의 흐름도를 이해한다면 아이에게 흥분된 상태에서 말하는 것을 멈출 수 있다. 명심하자. 당부할 말이 있을 때는 감정이 평소 상태로 가라앉을 때를 기다려 말하자. 자녀가 공감할 수 있도록 한 번 더 생각하고 경청하는 태도가 무엇보다 중요함을 잊지 말아야 한다.

이렇게 경청하고 나서 아이에게 필요한 메시지를 전달하고 질문을 하는 것이 좋다. 자녀의 생각을 물어봐주고 질문을 한 뒤에는 충분히 기다려야 한다. 질문하고 나서 바로 "어떻게 생각해? 엄마 생각엔 말이야"라고 바로 답으로 들어가는 것은 아이에게 생각할 시간을 뺏는 것이다.

질문한 후에는 여유를 가지고 기다려야 한다. 1초, 2초, 3초…… 아이가 대답할 때까지 진득하게 기다려주는 자세가 필요하다. 생각

| 공감적 경청의 흐름도 |

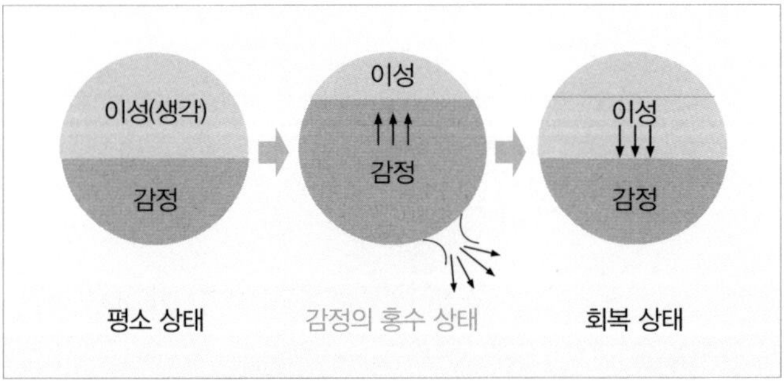

할 시간을 주는 것, 그래서 하고 싶은 이야기를 충분히 할 수 있도록 끝까지 기다려주는 것, 판단하거나 가르쳐주고 싶은 엄마의 마음을 내려놓고 속도를 늦추는 것이 필요하다. 오늘 하루만이라도 아이의 말에 귀 기울이고 아이를 이해하는 베프가 되어주자.

| 부모 성찰 코칭 대화 |

아이가 시험을 망치고 왔다면

일반 대화	코칭 대화
엄마 : 오늘 시험 어땠어? 아이 : 아…… 망했어. 시간이 부족해서 서술형을 두 문제나 못 풀었어. (아이는 금방이라도 울음이 터질 태세이다.) 엄마 : 뭐? 내가 그래서 뭐라고 했어? 평소에 집중하고 문제 많이 풀어보라고 했어 안 했어? 내가 그럴 줄 알았어. 내가 너 때문에 진짜 미치겠다! 쯧쯧…….	엄마 : 시험 보느라 애썼어. 그런데 표정이 왜 그래? 무슨 일 있었니? 아이 : 아…… 망했어. 시간이 부족해서 서술형을 두 문제나 못 풀었어. 엄마 : 저런~ 많이 속상했겠다. 공부 열심히 했는데. 그래도 괜찮아. 다음에는 시간 안배를 잘하면 돼. 오늘 많이 애썼으니까 저녁에 치킨 먹을까 우리?

질문은 창의력의 샘이다

아이들에게 마지막으로 무엇을 가르칠까?

하버드 대학교 제11대 교육대학원 학장인 제임스 라이언(James E. Ryan)은 2016년 졸업 축사에서 아주 인상 깊은 말을 했다. 그 축사의 핵심은 '질문'이었다. 축사를 마치자 졸업생들과 하객들은 뜨거운 박수로 호응했고 이 축사는 동영상으로 제작되어 빠르게 전파되었다. 2017년 제임스 라이언은 이 축사를 책으로 엮어 《하버드의 마지막 강의》(노지양 옮김, 비즈니스북스, 2017)를 출간했다.

라이언 학장은 축사에서 "좋은 질문은 남녀노소, 직업에 상관없이 성공을 이끄는 견인차 역할을 하고, 수준 높은 질문은 수준 높은 삶을 만든다"라고 강조했다. 그리고 자신을 만날 수 있게 하고 세상을 바라보는 시야를 넓어지게 하며, 나아가 삶의 진정한 가치를 찾을 수 있게 하는 다섯 가지 질문을 던진다.

첫 번째, 잠깐만요, 뭐라고요(Wait, What)?

두 번째, 나는 궁금한데요(I wonder……)?

세 번째, 우리가 적어도…… 할 수 있지 않을까(Couldn't we at least)?

네 번째, 내가 어떻게 도울까요(How can I help)?

다섯 번째, 무엇이 가장 중요한가(What truly matter)?

'질문'은 나에게도 마찬가지로 내 인생을 바꿔놓았고, 아동복지학자이자 두 아이의 부모로서 교육 및 복지에 대한 성찰을 가져다주었다. '나는 코칭이라는 강력한 삶의 도구를 가지고 무엇을 할까?'를 질문했다. 그 질문은 '단 한 명의 부모라도 그들의 가치와 신념을 바꾸어야겠다'라고 결심하게 만들었고, 날마다 그 결심을 실천하고 있는지 나 자신에게 성찰적 질문을 하게 만들었다.

아인슈타인도 이와 비슷한 말을 했다.

"만약 곧 죽을 상황에 처해 있고, 목숨을 구할 방법을 단 한 시간 안에 찾아야 한다면, 한 시간 중 55분은 올바른 질문을 찾는 데 사용하겠다. 올바른 질문을 찾고 나면 정답을 찾는 데는 5분도 채 걸리지 않는다."

이처럼 질문이 가지는 힘은 막대하다.

질문은 개방형으로

아들이 초등학교 2학년 때 일이다. 하교한 아들에게 질문했다.

"오늘, 학교에서 어땠어?"

"응, 그냥."

"그냥? 그냥 어떻게 보냈는데?"

"숨 쉬었어."

"아, 숨 쉬었구나! 또 뭐 했어? …… 아, 밥도 먹었겠구나? 무슨 반찬 나왔어? 맛있었어?"

"맛있었어."

그다음 날 아이가 학교 다녀온 후 다시 물어봤다. 아이는 여전히 똑같이 "숨 쉬었어!"라고 대답했다.

"엄마가 아는 것 말고 새로운 것 좀 말해봐. 또 뭐 했어?"

"아! 맞다! 오늘 재활용센터 갔다 왔어. 그런데 친구들은 냄새난다고 싫다고 했는데 나는 좋았어. 재활용품을 가지고 만든 물건이 많이 있었거든. 신기한 것도 많고 재밌었어."

아들은 갑자기 말문이 트이더니 이야기를 와르르 쏟아내기 시작했다. 질문은 이처럼 대화를 시작하게 만들고, 서로를 더 이해할 수 있도록 이끈다.

그러나 보통 엄마들의 '질문'은 이렇다.

"학교 잘 갔다 왔니?", "별일 없었어?", "공부 했어?", "숙제는?"

물론 이것도 질문이다. 그러나 이러한 질문은 '네', '아니요'의 특정한 답을 요구하는 '폐쇄형 질문'이다. 이런 폐쇄형 질문은 그냥 형식적 정보를 수집하는 정도이기에 상대의 사고를 확장시키거나 더 발전하도록 이끌기 어렵다.

나는 결혼 후 10여 년 정도 나보다 한 살 위인 미혼 시동생과 함께 살았다. 나는 늘 저녁에 시동생이 집에 돌아오면 이렇게 물었다.

"갔다 왔어요?"

"네."

이것이 우리 대화의 전부였다.

흔히 경상도 남자의 세 마디 "아(아이)는?", "밥 먹었나?", "자자!"라고 하는데 바로 그와 유사한 닫힌 질문의 전형적인 형태이다.

열린 대화, 개방형 질문을 하려면 이렇게 해야 한다.

"오늘 어땠어요?", "오늘 어떻게 보냈어요?"

4차 산업혁명 시대는 모든 것이 달라진다. 우리는 질문보다는 답에 익숙한 시대를 살았지만, 이제 답하는 시대에서 '질문하는 사회'로 바뀌고 있다. 수직적 조직 문화에서는 답을 빨리 해야 했으나, 창의력과 기회의 발견을 중요하게 생각하는 수평적 조직 문화에서는 문제의 해결보다는 문제의 발견이 더 중요해졌다.

이제는 질문하는 시대

주도적이고 능동적인 사람은 질문을 잘하는 사람이다. 질문이 없으면 대화도 없고 답도 없다. 답보다 질문을 하면 주도적으로 상황을 만들어나갈 수 있다. 불확실한 상황에서도 무엇인가에 도전하고 삶을 개척해나갈 수 있다. 또한 질문은 역동성을 가지는 생명력이 있다. 교육계가 오래전부터 '질문의 힘'에 주목하는 이유이다.

인공지능(AI) 시대를 앞두고 교육계가 '질문'의 힘에 주목하고 있다. 2020년까지 전 세계 직업 중 710만 개가 사라지고 AI와 같은 신기술이 그 자리를 채울 것이라는 전망이 나온다. 이 시점에 기계가 갖추지 못한 인간의 역량으로 거론되는 것이 창의력이다. 전문가들은 창의력을 키울 방법으로 질문력을 주시하고 있다.

— "AI 시대, 정답보다 문제 찾는 '질문력' 길러야", 〈조선일보〉(2017. 7. 3.)

미래에 우리 아이들이 살아남으려면 창의력이 필요하고, 그 창의성을 기르는 최우선 방법은 질문하는 힘을 기르는 것이다. 질문은 뇌를 자극하고 스스로 답을 찾도록 만든다.

그렇다면 아이들을 어떻게 교육해야 할까? 부모들의 공통된 바람은 아이가 스스로 자기주도력을 키워나가는 것이다. 그 답을 이제 '질문'에서 찾는 데 주력해야 한다. 성공한 사람들의 공통적인 특징 또한 질문을 통해 자기를 이해하고, 자기 자신을 제대로 바라보며 자기 성찰의 시간을 갖는 것이다.

창의적 질문 대화법이 아이를 성장시킨다. 질문하고 대답하면 대화가 된다. 아이들과의 대화를 통해서 정서적으로 교감할 수 있으며, 지적인 통찰을 예리하게 자극할 수 있다. 좋은 질문은 대답하기 전에 생각하게 만들고 그 질문을 듣기 전에 미처 파악하지 못했던 문제의 새로운 답을 떠올리게 해준다. 창의적인 아이디어는 질문을 바꿔야 나온다. 그리고 우리의 뇌는 질문을 받으면 마치 자동

판매기와 같이 계속 답을 자동반사적으로 내놓게 된다.

당신 스스로에게 질문해보는 것도 좋다. 이것을 '셀프코칭(self-coaching)'이라고 한다. '나에게 이 문제는 어떤 의미이지?', '무엇을 해보면 결과가 달라질까?'를 스스로에게 묻는 것이다.

다르게 질문하면 관찰하는 것도 달라지고, 느끼는 것도 달라지며, 생각하는 것도 달라진다. 그러면 타인과의 소통도 달라지며 행동과 결과까지 변화시킬 수 있다.

질문의 힘을 아는 당신, 학교 갔다 돌아오는 자녀에게 "OO아, 오늘 학교에서 무엇을 질문했니?"라고 물어보는 것은 어떨까?

| 부모 성찰 코칭 대화 |

학교에서 돌아온 아이를 맞을 때

일반 대화	코칭 대화
엄마 : 오늘 학교에서 별일 없었니? 아이 : 네. 엄마 : 숙제는 없니? 아이 : 있어요. 엄마 : 얼른 들어가서 숙제해! 아이 : (듣는 둥 마는 둥 문을 쾅 닫는다.)	엄마 : 오늘 학교에서 어땠어? 기억에 남는 것 이야기해줄래? 아이 : 음, 뭐가 있었더라? 아~ 맞다!! 오늘 신기한 실험을 했어. 엄마 : 어떤 실험? 아이 : 과학 시간에 화산분출 실험을 했거든. 설마 했는데 진짜 순식간에 끓어오르면서 넘치는 걸 보니까 신기했어. 엄마 : 엄마도 보고 싶네. 그걸 보면서 어떤 생각이 들었니? 아이 : 과학이 정말 신기하고 흥미진진하다고 생각했어. 실험해보니 이해도 잘 되고. 엄마 : 야! 축하. 우리 딸이 과학에 흥미를 느끼니 엄마도 기분이 좋네.

생각의 근육을 키우는 혼잣말

질문은 힘이 세다

미국의 한 커피 원두 수입회사 직원은 이탈리아에서 귀국하며 자문했다.

"어떻게 해야 이탈리아와 같은 에스프레소 바를 미국에서 재현할 수 있을까?"

그런데 몇 년 후 질문이 바뀌면서 세계적인 커피 브랜드가 탄생했다. 바뀐 질문은 이러했다.

"어떻게 해야 멋진 커피를 즐길 수 있는 쾌적하고 편안한 환경을 만들 수 있을까?"

이 질문의 주인공은 다름 아닌 스타벅스 하워드 슐츠(Howard Schultz) 회장이다[《온워드 : 스타벅스CEO 하워드 슐츠의 혁신과 도전》(안진환 외

옮김, 에이트포인트, 2011) 참조].

당신은 지금 스스로에게 어떤 질문을 하고 있는가? 사춘기 자녀와의 관계로 힘들 때, 어린이집 가지 않겠다고 떼쓰는 아이를 볼 때, 치워도 치워도 끝없이 쌓여 있는 집안일을 볼 때, 매번 "숙제 했니?" 라고 초등 자녀에게 물을 때…….

혹시 당신의 질문이 당신에게 힘이 되지 못한다면, 당신의 질문이 당신의 변화를 이끌어주지 못한다면 다시 질문해보기 바란다.

'나에게 아이는 어떤 의미일까?', '내가 정말 되고 싶었던 엄마의 모습은 어떤 것인가?', '아이가 성장했을 때 나는 아이에게 어떤 엄마로 기억되기를 바라는가?', '나는 아이와의 관계에서 무엇을 하고 있는 걸까?', '지금 힘든 많은 일들을 정리하려면 어떻게 해야 할까?', '무엇을 해보면 좀 더 수월해질까?'

자기 안에 어떤 질문도 던지지 않은 채 오직 A+인 자녀만 키우고 싶은 부모에게, 물어보는 것에 바로 대답하는 아이가 똑똑한 아이라고 생각하는 부모에게 아래의 질문을 해보고 싶다.

"당신은 누구인가?"

"당신이 진짜 바라는 건 뭘까?"

"당신은 여기서 무엇을 하고 있는가?"

"가족이라는 관계 속에서 당신은 누구일까?"

"당신이 진정으로 아이들에게 바라는 것은 무엇인가?"

"세상 밖으로 나온 아이를 처음 바라봤을 때 당신은 어떤 느낌이었나?"

질문할 시간도 없는 나, 너, 우리. 내 안의 세계에 문을 두드리기를 바란다. 유명한 과학자, 탐험가, 지식 창조자들은 스스로에게 질문했다.

"태양이 움직이고 있을까? 지구가 움직이고 있을까?"(코페르니쿠스)

"높은 곳에서 물건을 떨어뜨리면 무거운 것과 가벼운 것 중 어떤 것이 먼저 떨어질까?"(갈릴레오)

"만약 빛처럼 빠른 속도로 나는 우주선이 있다면 어떻게 보일까?"(아인슈타인)

"우리는 왜 이 제품을 만드는가?"(스티브 잡스)

세상을 바꾼 건 정답이 아닌 질문

그렇다면 어떻게 질문해야 할까? 우리가 얻는 답은 무엇을 질문하느냐에 따라 결정되므로 질문하는 방법에 따라 답도 결정된다. 질문에도 다양한 유형의 질문이 있다.

가장 먼저, 닫힌 질문과 열린 질문으로 나눌 수 있다. 닫힌 질문은 폐쇄형 질문으로 YES 또는 NO로 대답할 수 있는 질문이다. "형제자매가 있나요?", "영화 좋아하세요?"와 같이 답이 정해져 있는 질문이라고 할 수 있다.

열린 질문은 개방형 질문으로 자유롭게 대답할 수 있는 질문을 말한다. "지금까지 인생에서 가장 감동받았던 일은 무엇인가요?", "그렇게 생각하는 이유는?"처럼 대답하는 사람이 자유롭게 자기 의사를 말할 수 있는 질문이다.

특정 질문과 확대 질문도 있다. 특정 질문은 일정 범위 안에서 특정한 답이 있는 질문으로 "어디 출신인가요?", "자녀는 몇 명인가요?" 같은 것이 이에 속한다. 확대 질문은 더 깊게 파고드는 질문으로 "무엇을 할 때 가장 행복한가요?", "그 이유는 무엇인가요?"같이 상대방의 의중을 깊게 헤아려 묻는 질문이다.

부정 질문과 긍정 질문으로도 나눌 수 있는데, 부정 질문은 부정적 생각으로 에너지 레벨을 낮추는 질문이다. "만약 이번 시험을 망쳤다고 생각해봐? 어떻게 될 것 같아?"가 대표적인 부정형 질문이다. 긍정 질문은 긍정적 생각으로 에너지 레벨을 높이는 질문으로 "만약 네가 이번 시험에서 정말 좋은 성적이 나왔다면 기분이 어떨 것 같아?" 같은 질문이다.

닫힌 질문은 열린 질문으로, 특정 질문은 가급적 확대 질문으로, 부정 질문보다는 긍정 질문을 하는 것이 대화에서 훨씬 유용하다. 특히, 닫힌 질문과 특정 질문은 사람의 생각을 변화시키지 않는다. 그런데 우리가 흔히 하는 질문이 바로 여기에 속한다. 이런 질문은 코칭 질문이라고 할 수 없다.

생각의 근육을 키우는 질문은 바로 열린 질문, 확대 질문, 긍정 질문이다. 코칭 질문이란 바로 생각의 변화를 조금이라도 이끌어내는 질문을 말한다. 시야에 들어오는 부분만 보는 것을 흔히 '빙산의 일각'만 본다고 한다. 코칭 질문은 빙산의 일각만 보지 않는 질문, 무의식 세계와 보이는 것 너머의 깊은 세계를 끄집어내는 질문을 말한다.

핵심을 찌르는 코칭 질문은 나의 삶에도 새로운 성찰을 가져다 주었다. 나는 코칭이라는 삶의 도구로 '우리나라 부모와 교사들의 가치와 신념을 바꾸어야겠다'라고 결심했으며 그 결심을 실천하기 위해 노력하고 있다.

| 부모 성찰 코칭 대화 |

닫힌 질문과 열린 질문

일반 대화	코칭 대화
너, 숙제 했어? 안 했어?	숙제는 어떻게 해결했어?
맞아? 틀려?	그게 어떤 의미야?
할 수 있어? 없어?	~한다면 어떻게 될까?
할래? 안 할래?	~해본다면 뭐가 달라질 것 같아?
언제 할 건데?	같이 해보면 어떨까?
밥 안 먹을 거야?	밥은 어떻게 할까?
생각이 있어, 없어?	어떻게 생각해?

당신도 한번 만들어보자. 아래 빈칸을 채워보라.

일반 대화	코칭 대화
너, 이 닦았어? 안 닦았어? 숙제 언제 할 건데? 스마트폰 좀 그만 봐!	

엄마의 응원을 부탁해

인정, 존중, 지지로 크는 아이들

2019년 8월, 맘 카페를 떠들썩하게 했던 〈SBS 스페셜〉 제목이 있다. 바로 "속 터지는 엄마, 억울한 아들". 이 방송을 본 초보 엄마들은 "그래서 내가 그런 행동을 했구나", "내 행동이 미친 짓이 아니었어!", "도대체 재방송은 언제 하지? 나도 보고 싶다!"라는 뜨거운 반응을 보이면서 아이와 부모가 서로 다른 존재라는 것을 비로소 인정하고 알아가는 분위기다.

이 방송에서는 세상 그 누구보다도 가깝지만 서로 이해하기 어려운 모자 이야기를 다루었다. 방송 내용에 따르면 아들을 둔 엄마들 1,000여 명을 대상으로 설문조사한 결과, 아들 키우는 것이 힘들다고 대답한 엄마가 응답자의 무려 85%를 차지했으며, 이 중 83%

이상은 아들을 키우며 우울한 감정을 느낀 적이 있다고 답변했다.

그렇다면 아들의 그 무엇이 엄마를 이토록 힘들게 하는 것일까? 설문조사에 참여한 엄마들이 가장 힘들다고 답변한 것은 불러도 불러도 대답 없는 아들이라고 했다. 엄마는 거듭 아들의 이름을 불러보지만 아들로부터 돌아오는 대답은 없었다. 이때 엄마의 언성이 높아지고 기어코 화를 내야만 아들들은 대답했다.

그렇다면 딸과 다르게 아들들은 왜 그런 행동을 할까? 그것은 남성과 여성의 뇌 발달의 차이로 남성은 공간지각 능력, 논리적 사고 능력이 발달하는 반면, 여성은 학습 능력과 공감 능력의 뇌 부위가 활성화되기 때문이다. 그래서 남자아이들은 시각에 집중하고, 여자아이들은 청각에 집중하기 때문에 청각이 예민하지 못한 아들들은 당연히 엄마의 이야기에 집중하지 못하고 한 귀로 듣고 한 귀로 흘려버려 엄마를 폭발하게 만든다.

이러하니 아이들에게 좋은 엄마가 되기 위한 첫 걸음은 아이들의 특성을 이해하고 나와 다른 존재임을 인정하는 것일 수밖에 없다. 아이들의 행동을 그냥 참고 견디는 것이 아니라, 마음으로 아이들을 이해하고 받아들이는 것이 중요하다. 엄마이기 전에 여자, 아들이기 전에 남자의 차이를 인정한다면 한 뼘 더 부모와 자녀 사이가 가까워질 수 있다.

또한 아이들에게 긍정적이고 용기를 주는 희망적인 언어를 사용하여 아이의 자원을 찾고, 결과에 대한 칭찬보다는 과정에 보다 많은 관심을 갖고 아이들과 소통하는 것이 필요하다. 아이들의 동기를 북돋우기 위해 필요한 것은 무엇일까? 그것은 아이들의 자존감이다.

아이들이 스스로 '나 참 잘하고 있어', '내가 하면 참 잘해', '난 뭐든지 잘할 수 있어', '난 괜찮은 사람이야'라는 생각이 들 수 있게 인정하고 칭찬하자.

생각해보자. 인정, 존중, 지지를 받은 아이들의 자존감이 높을까? 아니면 비난, 무시, 경멸받은 아이들의 자존감이 높을까? 답은 당연히 전자일 것이다. 자존감은 후천적 요인이 크다. 그러므로 어떠한 상황일지라도 아이를 인정, 존중, 지지, 칭찬하는 부모가 되자.

두려움의 사이클을 주지 마라

축구선수 박지성은 《더 큰 나를 위해 나를 버리다》(중앙북스, 2010)라는 책에서 "히딩크 감독에게 가장 고마운 것은 내 속에 숨어 있는 잠재력을 현실로 끌어내주신 것입니다"라고 말했다. 거스 히딩크 감독은 아무도 알아주지 않는 어린 선수의 마음을 읽고 있기라도 한 듯 "정신력이 훌륭하다"고 인정해주었다고 한다.

사람과 동물은 태어날 때 능력치가 다르다. 동물은 태어나자마자 바로 일어서서 걷고 또 뛰어다닐 수 있다. 태어날 때 대부분의 현실 능력을 가지고 태어난다고 할 수 있다. 인간은 이와 다르다. 태어날 때 가지고 태어나는 현실의 능력은 30%이고 능력의 70%는 잠재되어 있다. 자라날수록 능력이 커지고 또 발휘할 수 있는 능력이 무궁무진하기에 후천적인 개발이 매우 필요하다. 이때 가장 필요한 것이 바로 임파워링(empowering)과 인정하기다.

특히, 인정하기의 긍정 언어는 감정에 활력을 넣어주고 적극적인 행동 에너지를 일으켜 최고의 잠재 능력을 개발할 수 있도록 해주는 언어라고 할 수 있다. 어떤 부모는 아이를 바라볼 때 늘 어둡고 무겁게 생각한다. 따라서 모든 시점마다 아이의 숨어 있는 문제점을 찾기 바빠 결국 아이를 불신하게 된다.

그러나 반대로 아이를 밝고 가볍게 생각하는 부모들은 모든 문제에 감춰져 있는 기회를 더 크게 바라보게 된다. 쉽게 말해서 아이 존재 자체를 인정하면 아이는 신이 나서 즐겁게 스스로 하게 되고, 계속적인 성장이 가능해진다.

부모가 행동의 결과만 인정할 경우, 아이는 다음 행동에 제약을 받

| 칭찬과 인정의 차이 |

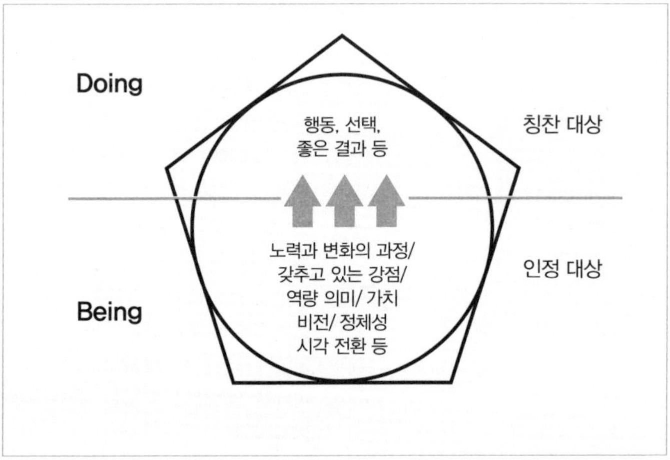

게 된다. 예를 들어 아이가 반에서 1등을 했다고 그 행동에만 초점을 맞추어 인정하게 되면 아이는 'Doing' 추진력으로 두려움이 생기게 된다. 이는 'fear cycle'로 다음에 1등을 하지 못할까 봐 생기는 두려움이다. 그 결과 아이는 일시적으로만 성장하거나 성장이 불가능할 수도 있다. 앞의 그림은 칭찬과 인정하기를 그림으로 나타낸 것이다.

앞의 그림처럼 인정하기는 긍정과 부정을 통합해서 할 수 있다. "나는 잘하는 것이 하나도 없는 것 같아"라고 아이가 말할 때 부모는 "OO는 잘하는 게 하나도 없는 것처럼 생각하는구나. 그걸 보니 OO가 정말 잘하고 싶은 마음이 크구나"라고 아이의 부정적인 마음까지 인정해주자.

| 부모 성찰 코칭 대화 |

등교 전 준비물과 과제를 확인한다면

일반 대화	코칭 대화
엄마 : 오늘 준비물이 뭐니? 아이 : (딴생각을 하며, 스마트폰만 만지작거린다.) 엄마 : 오늘 준비물이 뭐냐고? 아이 : ……. 엄마 : 너! 숙제는 다 한 거야? 아이 : 으악!! 엄마 : 또, 뭐야? 아이 : 아! 오늘 과학 실험 준비물이 있었는데. 뭐였더라? 엄마 : 야!!! 정신 안 차리고 다닐래? 아이 : …….	엄마 : 오늘 준비물이 뭐니? 아이 : (딴생각을 하며, 스마트폰만 만지작거린다.) 엄마 : 아들! 엄마가 이야기할 때는 어떻게 하기로 했더라? 아이 : 아, 맞다! 엄마, 뭐라고 했어요? 엄마 : 오늘 준비물이 뭐니? 잘 챙겼니? 아이 : 아! 오늘 과학 실험 준비물이 있었는데……. 엄마 : (스스로 찾을 때까지 기다려준다.) 아이 : 엄마, 알림장 찾았어요! 엄마 : 엄마가 도와줄 게 있니? 아이 : 아니요, 제가 챙길 수 있는 거예요. 걱정하지 마세요.

오늘 당신은 아이에게 어떤 응원을 해주었나? 좋고 나쁨을 따지지 않고 아이들을 지지해주자. 그리고 스스로 생각해 바른 선택을 할 수 있도록 도와주자. 그것이 아이들을 자라게 하는 원동력이자 원천임을 잊지 말자.

고래도 춤추게 하는 칭찬의 힘

"코칭으로 수학 성적이 좋아졌어요"

얼마 전 코칭을 전공하는 박사과정 제자가 들려준 이야기다. 제자는 학원에서 수학을 가르치는데 한 학부모가 상담을 왔다고 한다. 그 학부모의 아이는 자존감이 바닥에 떨어진 상태였고 학교조차 가기 싫어한다고 했다. 그래서 그동안의 사연을 물었다.

그 학부모는 중2 외동딸을 잘 키워보고 싶은 욕심에 유명하다는 학원은 다 쫓아다녔다고 한다. 아이의 실력에 맞지 않는 선행 공부를 시키기 위해 차에서 밥을 먹여 가면서까지 학원을 다니게 했고, 수업을 쫓아가지 못하면 새벽까지 같이 숙제를 했다고 한다.

그러나 그러는 사이 아이는 귀와 마음을 닫기 시작했다. 결국 학교 수업도 쫓아갈 수 없는 상황에 이르러 마지막 시험에서 28점을 맞아왔고 학부모는 한탄하며 상담을 왔다고 했다. 그런데 제자의 학원에 찾아온 지 두 달 만에 그 아이의 점수가 84점으로 올랐다. 그 결과를 받아보는 순간 그 엄마는 펑펑 울었다고 한다.

나는 제자에게 물었다.

"어떻게 해서 두 달 만에 그런 놀라운 결과를 얻었어요?"

"저는 누구든 자신을 인정해주면 성장해서 잠재 능력을 발휘한다는 코칭 철학 하나만 생각했어요. 그래서 그 학생도 잠재 능력이 있다고 믿었고요. 저는 그 엄마가 아이 스스로 잘해나갈 것이라는 믿음의 끈을 놓지만 않으면 아이가 그 끈을 잡고 올라온다고 생각해서 둘의 꼬인 자존감의 끈을 풀어주었어요. 그리고 아이가 좀 더 자신을 신뢰하도록 계속 격려하고 칭찬해줬어요."

그렇다. 아이들은 자신을 인정해주고 충분히 할 수 있다고 믿어주면 자기 스스로 해내는 힘에 의해 자율적으로 움직인다. 그리고 굳게 잠근 마음의 문은 엄마에게 믿음을 받는 순간 다시 열리게 된다. 아이들은 자기의 마음을 누군가가 알아주고 있다는 것만으로도 큰 힘을 얻고 스스로 뭔가를 해결할 힘을 회복하게 된다.

칭찬도 기술이 필요하다

이렇듯 아이에 대한 인정과 수용, 칭찬은 아이들을 더 큰 아이로 성장시켜나간다. 켄 블랜차드(Ken Blanchard)와 짐 발라드(Jim Ballard) 등이 쓴 《칭찬은 고래도 춤추게 한다》(조천제 옮김, 21세기북스, 2014)의

제목처럼 아이에 대한 인정과 칭찬은 아이가 앞으로 나가는 데 큰 원동력이 된다.

이 책에 따르면 처음 고래를 훈련할 때는 훈련을 하지 않고 계속 놀기만 한다고 한다. 그러면 고래는 그 조련사를 좋아하게 되고, 그 뒤로는 조련사가 원하는 대로 행동하려고 노력한다고 한다. 그래서 고래는 공연 중에도 따로 먹이를 주지 않아도 아주 훌륭하게 공연을 해낸다는 것이다. 어쩌다 실수를 하거나 조련사의 말을 듣지 않는 경우에는 조련사가 아주 짧게 외면하는데, 그러면 고래는 사랑을 다시 얻기 위해 더 열심히 노력한다고 한다.

고래도 이러한데 하물며 사람은 더하지 않을까? 부모가 사랑과 칭찬을 하면 아이들은 그런 부모를 위해서라도 뭔가를 더 열심히 하게 된다. 공부도 자연히 열심히 하게 될 것이다. 그리고 아이들은 자신감이 넘치고 활동적이 된다.

아이를 성장시키는 칭찬의 기술 세 가지를 소개하고 싶다. 칭찬하는 것에도 적절한 방법이 있다.

첫째, 인정을 할 때 아이의 행동보다는 아이에게 초점을 맞춰라. 다시 말해 아이 자체를 봐야 한다. 예를 들어 만약 아이가 우유를 쏟았을 때 쏟아진 우유에 초점을 맞추고 언짢아하지 말고 아이에게 집중하는 것이다. 부모에게 더 중요한 것은 아이다. 설마 아이보다 우유가 더 중요하다고 하는 부모는 없을 것이다. 그래서 첫 번째 소중한 것을 위해 두 번째 중요한 것을 뒤로 좀 미루어두면 좋겠다. 여기서 첫 번째 소중한 것이 아이이고, 두 번째 중요한 것은 우유이다.

둘째, 의도나 동기에 초점을 맞추어 인정과 축하를 하라. 이것은 우유를 쏟은 아이가 왜 쏟았을까를 생각해보면 이해하기가 쉽다. 아이가 왜 그랬을까? 아이는 우유를 쏟아서 엄마를 괴롭히려는 게 아니다. 스스로 우유를 꺼내 마시려고 했을 뿐이다.

"네가 스스로 우유를 꺼내려고 했구나. 다음에는 조금만 더 조심해서 컵을 잡자"라고 인정을 해주는 것이 필요하다.

우리 아들은 개학 전날 밤 12시에 방학 숙제를 하겠다고 했다. 원래 아들은 숙제를 안 해가려고 했다가 친한 친구가 숙제를 다 했다는 소식에 뒤늦게 자신도 숙제를 해가야겠다고 마음을 고쳐먹은 거였다. 아이는 나에게 소파에 누워서 자신의 질문에 필요할 때 답만 해달라며 옆에 있어달라고 했다. 그래서 나는 그렇게 아이가 숙제하는 것을 보며 잠이 들었고, 아들은 새벽 5시까지 숙제를 혼자 해냈다. 결국 과학 실험 숙제 15쪽을 다 채웠다.

아침에 나는 아이의 얼굴에서 끝냈다는 환희의 기쁨과 의기양양함을 봤다. 나는 아이에게 스스로 다 해결한 것에 축하를 보냈다. 물론 누군가는 '숙제를 미리미리 할 것이지, 개학 전날 밤새며 하는 아이를 꾸중하지도 않고 인정과 축하를 하라고?'라고 반문할지도 모른다. 그러나 중요한 것은 무엇이 아이를 더 성장하게 하고 발전시키는지를 생각하는 일이다. 이 경우 꾸중을 듣는다면 아이는 곧바로 기분이 나빠져 부정적인 감정이 불쑥 올라오면서 위축될 것이며 숙제를 하지 않는 쪽으로 마음이 흘러갈 것이다.

"그래, 좀 더 일찍 숙제를 했다면 좋았을 텐데. 하지만 지금이라도 마무리하겠다고 생각했으니 열심히 해봐. 엄마가 도와줘야 할 것이 있니?"라고 말하는 것이 아이에게 더욱 큰 격려가 된다.

아들은 그 이후에도 미리 하지 못한 수행평가 과제를 위해 밤을 새서 준비한 적이 몇 번 더 있었다. 밤을 새서 해본 경험이 아이에게 어떤 경우든 할 수 있다는 자신감을 키웠기 때문일 것이다.

셋째, 인정과 칭찬을 할 때는 구체적으로 아이가 잘한 부분을 명확하게 말하라. "와~ 우리 아들 책 잘 읽네"라고 말하기보다는 "이야~ 우리 아들 동물 소리를 똑같이 흉내 내며 잘 읽는구나. 너무 실감나고 재밌다. 다시 한 번 읽어줄래?"라고 말해야 한다.

사탕발림식 칭찬은 금물, 상대가 수긍해야 잘된 칭찬이다

다음의 빈칸을 구체적인 칭찬으로 채워보자.

그림 잘 그렸네. → ______________________

난 네가 자랑스러워! → ______________________

문제 잘 풀었네! → ______________________

방이 깨끗해졌네. 잘했다. → ______________________

당신이 적은 것과 다음의 예시문을 비교해보자. 칭찬을 할 때는 구체적인 칭찬이 좋다. 듣는 사람이 '갑자기 왜 나한테 칭찬하지? 뭐 아쉬운 거라도 있나?'라는 생각이 들게 칭찬하면 안 된다. 칭찬을 들고, '맞아! 난 그런 사람이야'라는 생각이 드는 칭찬이 잘된 칭찬이다.

그림 잘 그렸네. → "색깔이 어쩜 이렇게 잘 어울리지? 색이 어울리니 그림이 더 멋져 보인다!"

난 네가 자랑스러워! → "그 모든 걸 스스로 해내다니, 너는 스스로 자랑스러워해도 좋아!"

문제 잘 풀었네! → "가장 어려운 부분이 뭐였니? 이야~ 그 부분을 어떻게 해결했어? 스스로 풀고 나니 어떤 기분이 드니?"

방이 깨끗해졌네. 잘했다. → "옷도 제자리에 걸어두고, 장난감도 상자에 넣고 방이 아주 깨끗하게 정리됐네. 방이 새롭게 변신한 것 같아!"

그렇다고 무턱대고 칭찬하라는 말은 아니다. 아이가 칭찬에 대해 불감증이 걸릴 정도로 무턱대고, 혹은 별 감흥 없이 건성으로 칭찬해서는 안 된다.

예를 들면, "넌 최고야!", "역시 똑똑해!"라는 말에 익숙한 아이들은 자라나 세상에 나갔을 때 좌절하기 쉽다. 사회라는 현실에 나섰을 때 부모에게 느꼈던 최고의 기대감과 비교되는 큰 좌절을 느낄 수도 있다.

무엇보다 중요한 것은 칭찬할 때는 진심으로 말해야 하며 추켜세우기 위한 과장된 칭찬은 하지 말아야 한다는 점이다. 아이들은 나이가 어리더라도 엄마의 칭찬이 진심으로 하는 것인지 어떤 행동을 요구하기 위한 사탕발림식 칭찬인지 금방 구분한다. 그리고 결과보다는 과정을 자세히 칭찬해야 한다. 그래야 아이들은 결과가 좋지 않더라도 어떤 일이든 적극적으로 자신감을 가지고 행동할 수 있다. 명심하자. 자녀의 잠재 능력을 찾기 위해서는 부단히 아이들을 인정하고, 아이를 능력을 믿어주는 것이 필요하다.

| 부모 성찰 코칭 대화 |

칭찬을 한다면

일반 대화	코칭 대화
아이 : (신나서 신발을 벗고 들어오며) 엄마! 엄마! 나 오늘 100점 맞았어!! 엄마 : (별로 대수롭지 않게) 문제가 쉬웠나 보네. 너희 반에서 또 누가 100점 맞았어? 아이 : (갑자기 풀이 죽어서) 음…… 나 말고 몇 명 더 있어. 엄마 : 그럼 그렇지! 더 열심히 해!! 아이 : …….	아이 : (신나서 신발을 벗고 들어오며) 엄마! 엄마! 나 오늘 100점 맞았어!! 엄마 : (딸과 눈맞춤하며, 딸과 같은 행동으로 맞아주며) 와~우 좋겠다. 얼마나 신나니? 엄마도 이렇게 좋고 신나는데! 아이 : 엄마 있잖아…… 내가 시험공부하면서 되게 힘들어한 거 알지? 근데 어떻게 100점을 맞았지? 하하하!! 엄마 : 엄마는 네가 100점을 안 맞았어도 지금처럼 신날 거야! 왜냐하면 네가 열심히 한 걸 지켜봤으니까. 뭐든 열심히 포기하지 않는 우리 딸이 엄마는 멋지고 자랑스러워~

억지로 배움을 가르치지 않는다

피드백과 메시징의 힘

부모들은 아이를 기르면서 매일같이 “안 돼!” 혹은 “왜 그랬어?”를 부르짖으며 힘들어하고 진을 빼기 일쑤이다. 아이들마다 성향도 다르고 기질도 다르기에 순한 아이도 있고, 유난히 힘들게 하는 아이도 있다. 자신의 아이가 순하고 언제나 자기 말에 따르는 착한 아이라면 얼마나 좋을까? 그러나 모든 아이가 그렇지는 않다.

사실 따져보면 아이가 착하기만 하다고 그것이 다 좋은 것은 아니다. 자기 목소리를 내는 아이가 나중에 커서도 주관적으로 살지 않을까? 아이와 부딪히거나 뭔가 아이가 적절하지 않은 행동을 할 때, 혹은 자신이 정말 바라는 행동을 아이에게 요청할 때 당신은 ‘피드백과 메시징(Feedback and Messaging)’ 기법을 사용할 수 있다.

피드백은 객관적으로

대형 마트에서 아이가 장난감을 사달라고 했는데 안 사줬더니 화가 나서 진열된 물건을 던지고 떼를 쓴다. 이때 아이가 한 잘못된 행동을 교정하기 위해 흔히 부모들이 하는 말은 이렇다.

"너 이러면 다시는 같이 안 올 거야!", "왜 너만 그래? 동생도 얌전하게 말 잘 듣는데", "이런 짓 누구한테 배웠어?", "너 경찰 아저씨한테 혼난다!"

이 경우 부모가 원하는 것은 아이가 자신의 잘못을 깨닫고 이런 행동을 반복하지 않는 것이다. 그것을 위해 보통의 부모들은 다양한 전략을 동원한다. 지시와 명령, 협박과 경고, 비교 등이 그것이다. 그러나 이러한 부모의 행동이 아이에게 제대로 전달이 될까? 아니다. 그런 방법보다는 정말 그것을 가지고 싶어 하는 아이의 마음을 먼저 읽어준 후, 당신의 의견을 제시하는 편이 좋다. 즉, 이렇게 말하는 것이다.

"우리 OO가 엄마가 장남감을 사주지 않아 많이 화가 났구나. OO가 이것을 이렇게 던지면 이 물건은 어떻게 될까? 엄마는 OO가 이것을 던져 물건이 망가지고, 사람들이 우리 OO를 버릇없는 아이로 생각할까 염려돼. 속도 상하고. 그러니 앞으로는 이렇게 하지 않으면 좋을 것 같아."

이처럼 아이가 한 행동에 대해 우선 마음을 읽어주고(수용하기), 그 후에 아이가 한 행동의 결과와 그 행동이 미치는 영향을 알려준 뒤(임팩트), 부모가 바라는 바를 말하면 된다(요청하기). 이것이 바로 피드백 기술이다.

지금까지 당신은 계속해서 부모가 스스로 자신의 말을 하지 말고, 경청하고, 아이에게 질문하라고 한 것을 기억할 것이다. 다행히 여기에서는 당신의 생각을 말해도 된다. 다만 엄마의 생각을 전달하는 것이지 어떤 평가나 협박, 훈계, 설교, 가르치라는 뜻은 아니다. 그냥 엄마에게 어떤 영향을 미치는지를 객관적 사실을 전달하면 된다. 만약 엄마에게 오는 실질적인 피해가 없다면 어떤 말도 하면 안 된다. 사실 지금까지는 늘 아이의 잘못된 행동의 결과에만 집중했기 때문에 객관적 사실을 차분하게 전달하는 것이 쉽지는 않을 것이다. 이 또한 바라보는 관점의 전환이 필요하다.

아이가 문을 발로 꽝 찼다고 생각해보자. 그러면 엄마는 "야! 왜 그래?"라고 소리치면서 "문 살살 닫아"라고 강요할 것이다. 그러나 근본적 변화를 가져오는 이것을 피드백 기술을 활용한다면 이렇게 말해야 한다.

"화가 났구나? 문을 꽝 닫아서 문이 망가질까 봐 엄마는 걱정되네. 그리고 엄마에게 엄청 화를 내는 것 같아 나도 기분이 좋지 않고. 문은 살살 닫으면 좋겠다."

이렇게 말해야 아이에게 엄마의 뜻을 제대로 전달할 수 있다.

만일 아이가 게임을 세 시간 동안이나 하고 있다면 어떻게 말할까? 만일 평소에 "게임 좀 제발 그만해. 도대체 하라는 공부는 안 하고……" 하는 식의 지시형 말투를 썼다면 앞으로는 다음에 소개하는 건설적인 코칭식 피드백을 써보자.

"엄마가 보니 네가 지금 게임을 세 시간 동안 하고 있구나(수용하기). 그래서 엄마는 네가 할 일을 하지 못하고 공부가 뒤처질까 염려도 된단다. 또한 게임 중독이 될까도 걱정돼(임팩트). 이제 게임을 그만두면 좋을 것 같은데 어떻게 생각해(요청하기)?"

이렇게 말하는 것이 피드백 기법이다.

물론 당신은 '현실적으로 이렇게 말하는 것이 가능해? 일단 화부터 나는데'라고 생각할 것이다. 물론 화가 난다. 그러나 화가 난다고 해서 자기 감정을 있는 그대로 쏟아붓는다고 아이가 바뀌지는 않는다.

그렇기 때문에 위와 같이 그대로 말하지는 않더라도 말을 할 때는 항상 자신이 요청하고 싶은 것 그리고 아이의 행동을 통해서 어떤 영향이 미쳐지는지를 생각하면서 말하는 것이 중요하다.

아이 스스로 인식하는 메시징 기법

다음은 '정보 주기'에 관해 생각해보자. 정보 주기는 다른 말로 '메시징'이라고도 한다. 정보 주기는 말 그대로 정보를 마음대로 주면 되는구나라고 생각할 수도 있다. 그러나 사실은 아니다.

정보를 주기는 하되 자신이 가진 정보를 주는 것이 아니라 아이가 뭔가를 스스로 인식하도록 정보를 주는 것이다.

다음의 엄마와 아이의 대화를 보자.

"엄마, 나 이제부터 공부 열심히 할 거야. 그래서 반에서 1등 할 거야."

"그래! 야~ 이제 우리 딸이 단단히 결심을 했구나? 지난번 반에서는 몇 등을 했지?"

"좀 창피하지만 25등요."

"그럼 1등이 되려면 24등을 더 올라가야 하는 거구나."

아이는 엄마의 이 정보를 듣고 생각하게 될 것이다. 자신이 25등이었는데 과연 1등까지 가려면 24등이나 더 올라가야 하고 이것이 너무 무리한 결심이라는 사실을 말이다.

이렇게 자기를 객관화한 아이는 좀 더 현실에 맞는 목표를 세우게 된다.

"엄마! 그러면 이번에는 반에서 중간 정도 하도록, 한 15등을 목표로 노력해볼게요."

이렇듯 정보 주기는 아이에게 현실적인 목표를 세워 그에 집중하도록 도와준다. 물론 이렇게 정보를 주면 아이 입장에서는 참혹한 기분이 들 수도 있다. 그리고 엄마가 굉장히 냉정하게 느껴질 수도 있다. 그래서 우리는 메시징을 마사지 받을 때 아픈 부위를 눌러줌으로써 통증을 해소하도록 하는 '정곡을 찌른다'는 표현으로 쓰기도 한다. 메시지 내용을 받는 사람 입장에서는 기분이 썩 유쾌하지 않을 수도 있지만 어떤 핀잔을 주거나 그 상대를 깎아내리려고 하는 것은 아니기 때문에 객관적으로 말해도 된다. 특히 아이가 말로만 하고 실제로 어떤 행동을 하지 않을 때, 이에 대해 명확한 정보 주기를 이용해 의사를 전달할 수 있다.

이러한 피드백은 결국 단기간에는 상처가 될 수도 있으나 장기간 걸쳐서 보면 아이의 발전에 도움이 된다. 피드백을 할 때는 분명하고 명료하게 그리고 직접적으로 해야 한다. 그리고 요점을 묘사하거나 말하고자 하는 내용을 그림 그리듯이 은유와 비유를 사용하면 효과적이다.

부모는 아이에게 최대의 긍정적인 영향을 주는 언어로 소통하며, 자기 아이의 머릿속에 그림을 그려주듯이 이야기하거나 아이의 입장에서 이야기해야 한다. 아이의 언어로 말하거나 비유 등을 사용하면 훨씬 이해하기가 쉬우며, 아이가 말하려는 내용과 원하는 것을 분명히 하는 것이 핵심이다.

"지금까지 우리 OO가 말한 것이 ~하고 싶다는 말이구나. 맞니?", "엄마가 보기엔 이런 것 같은데 네가 생각하는 것이 ~가 맞니?", "OO가 하고 싶은 게 ~였구나. 만약에 그걸 하지 않으면 어떤 일이 벌어질까?", "우리 OO가 불편하게 느껴지는 것을 이미지로 표현해볼래?", "지금 OO의 마음 상태를 색깔로 표현해보면 어떤 색일까?", "새롭게 할 수 있다면 어떻게 하고 싶어?", "하고 싶었는데 하지 못한 게 있다면 어떤 게 있을까?"

부모는 지혜로운 목동이 양떼를 몰 듯이 아이의 뒤편에서 객관적 방향을 일깨워주고 아이가 스스로 나아가게 도와주는 역할로 자신의 위치를 바꾸어야 한다.

'역자이교지(易子而敎之)'라는 고사성어가 있다. 자식을 서로 바꾸어 가르친다는 말로 부모가 직접 자기 자식을 가르치지 않는다는 뜻이다. 이 말은 자기 아이를 가르치는 것이 얼마나 어려운지를 단적으로 잘 드러낸다. 그래서 자기 아이를 가르치다 관계가 틀어지는 경우도 상당히 많다. 그래서 답을 가르쳐주는 대신에 힌트를 주는 것이 좋다. 아이가 애쓴 후에 있을 발견의 즐거움, 발견의 기쁨을 얻는 기회를 잘 부여해나가는 것이 가능할 때 아이는 성장한다.

"공부해! 언제 숙제할래?"라고 화내며 강제적으로 가르치기보다는 부모와 아이가 즐기며 함께 성장할 수 있는 힌트, 부모가 아이에게 주는 피드백이 중요하다.

| 부모 성찰 코칭 대화 |

피드백을 준다면

일반 대화	코칭 대화
아이 : (수학 문제집을 풀면서) 아. 짜증나! 뭐가 뭔지 하나도 모르겠네. 이게 뭐야? 엄마 : 아니. 이것도 몰라? 도대체 학교랑 학원에서 뭘 배워오는지……. (엄마가 직접 답을 보고 풀어주면서) 이거잖아. 이제 알았지? 아이 : (갸우뚱거리며) 응…… 그럼 이거는 어떻게 풀어? 엄마 : 이 녀석이 진짜!!	아이 : (수학 문제집을 풀면서) 아. 짜증나! 뭐가 뭔지 하나도 모르겠네. 이게 뭐야? 엄마 : 아이쿠. 우리 아들이 단단히 막혔나 보네. 어디 보자. 엄마의 도움이 필요하니? 아이 : 응. 여기까지는 했는데 그다음 과정을 어떻게 해야 하는지 모르겠어. 엄마 : 그렇구나. 거기서 막혔구나. 엄마가 보기엔 문제에 힌트가 있는 것 같은데, 다시 한 번 문제를 읽어볼래? 아이 : (잠깐 생각하더니) 아하~ 내가 그걸 놓쳤구나. 이제 알겠어. 엄마 땡큐~

5장

기적 같은 변화를 불러오는 위기 상황별 대화법

엄마,
나 이것 사줘요!

사례 배경

아이를 데리고 마트에 갔다가 한 번쯤은 아이와 실랑이를 한 경험이 있을 것이다. 이럴 때 아이가 원한다고 다 사줄 수 없기에 본의 아니게 아이를 혼내는 경우가 많다. 이때는 어떻게 대처하면 좋을까? 다음 사례를 통해 코칭 대화법을 배워보자.

다섯 살짜리 아들과 함께 마트에 쇼핑을 하러 갔다. 쇼핑을 하다가 장난감 코너 앞에 멈춰선 아이는 엄마가 가자는 말에 막무가내로 장난감을 사달라고 조르기 시작한다. 아이는 손에 커다란 로봇 장난감을 들고 사달라고 떼를 쓰고 있다.

일반 대화 예시

아이 : 엄마! 나 이거 사주세요.

엄마 : 안 돼!

아이 : 아아~ 이거 내가 정말 갖고 싶은 로봇이란 말이야.

엄마 : 그래도 안 돼.

아이 : 왜? 왜 안 되는데?

엄마 : 오늘은 네 장난감을 사러 온 게 아니잖아. 그리고 마트에 올 때 엄마하고 장난감 안 사기로 약속하고 왔지?

아이 : 그래도 갖고 싶단 말이야.

엄마 : 얘가 정말 왜 이래? (저쪽으로 가면서) 빨리 와!

아이 : (울기 시작한다) 엄마 나 이거 갖고 싶단 말이야.

엄마 : (아이를 잡아 끌며) 아휴! 창피해서 정말. 조용히 안 해? 집에 가서 봐. 다시는 안 데리고 올 거니까 알아서 해.

코칭 대화 예시

아이 : 엄마, 나 이거 사주세요.

엄마 : 이게 뭔데?

아이 : 이거 내가 갖고 싶은 로봇이에요.

엄마 : 아 그래? 우리 승우가 이 로봇이 갖고 싶었구나?

아이 : 응!

엄마 : 이 로봇이 어떤 로봇일까?

아이 : 이거 요즘 텔레비전에서 나오는 거야. 이거 정말 멋있지?

엄마 : 어, 정말 멋지네! 승우가 갖고 싶은 이유를 알 것 같다.

아이 : 정말? (웃는다)

엄마 : 그런데 (잠시 멈추었다가, 아이의 눈을 지그시 바라보면서) 승우야! 엄마 생각에는 지난주에도 승우가 장난감을 사서 오늘은 안 사면 좋을 듯한데 어떻게 하지?

아이 : 그래도 가지고 싶단 말이야.

엄마 : 그래, 승우가 그 장남감이 많이 가지고 싶구나. 승우 마음은 충분히 알겠는데 엄마가 지금은 사줄 수 없을 것 같아.

아이 : 왜?

엄마 : 계획에 없던 거라서 돈을 쓸 수 없어. 어쩌면 좋을까?

아이 : (잠깐 생각하더니) 그럼 이거 내 생일 선물로 사주세요.

엄마 : 생일 선물? 음~ 아주 좋은 생각인데?

아이 : 내 생일이 언제더라? (아이는 금세 신나는 표정이 된다.)

부모 코치 되기

이런 상황에서 어린아이를 윽박지르거나 강압적으로 아이의 욕구를 억제하면 아이는 자신의 욕구가 관철되지 않는 경험을 하면서 자칫하면 자존감이 낮은 아이로 성장하게 될 수도 있다. 엄마가 잠시 자신에게 올라오는 감정을 내려놓고 아이의 마음을 충분히 공감해주고 난 후 대화를 하게 되면 아무리 어린아이라도 자신의 욕구를 조절할 수 있는 힘이 생기게 된다.

그리고 효과적인 질문을 던지는 것은 아이를 이해하기 위해 경청한다는 것을 의미한다. 경청한다는 것은 아이가 느끼는 엄청난 욕구 중 하나, 즉 아이가 알아주길 바라고 이해받고 싶은 욕구를 알게 해준다. 아이의 마음을 유심히 들여다보는 것은 결국 아이가 생각하고 경험하고 느끼는 것을 우리가 더 명확하게 알게 되고 진정으로 아이를 이해할 수 있도록 도와준다. 경청하는 행동 그 자체는 더 깊고 의미 있는 대화로 서로 마음을 여는 시작이 되는 것이다.

아이의 이야기를 경청하면 아이는 다음과 같은 느낌을 받는다.

'받아들여진다. 가치를 인정받는다. 존중받는다. 진가를 인정받는다. 이해받는다.'

요컨대 누군가가 자기 말에 진정으로 귀 기울여 준다면 그것은 "나는 너를 사랑해"라고 말하는 셈이다. 우리는 사랑을 느낄 때 방어막을 내리고 방패를 내려놓으며 마음을 열게 된다.

코칭 팁

- 아이와 눈을 마주치고 아이의 눈높이에서 이야기를 들어준다.
- 아이의 욕구를 충분히 읽어준다.
- 아이 스스로 자신의 욕구를 조절할 수 있도록 기다려주고 아이가 스스로 결정할 수 있도록 코칭 대화로 이끌어준다.
- 아이와 부모가 각각 원하는 것을 조절하기 위해 제3의 대안을 찾는다.
- 부모가 원하는 것을 나 전달법으로 전달하고 그것에 대해 아이의 생각을 물어본다.
- 아이도 좋고 당신도 좋은 '승-승'적 사고에서 합의점을 도출한다.

엄마,
나 학교 가기 싫어요

사례 배경

"엄마, 나 학교 가기 싫어!"라고 아이가 말하면 대부분의 부모는 흔히 아이가 부리는 투정이라고 생각하고는 별로 관심을 두지 않는다. 뭔가를 하고 싶어 하지 않는 것이 아이들에게 자연스러운 것이지만 만약 아이가 자주 학교에 대해 불평하거나 학교 가는 것을 거부한다면 부모는 자신의 직관을 발휘해서 그 이상 뭔가가 있다고 봐야 한다.

초등학교에 갓 입학한 정윤이는 아침에 학교 갈 때마다 배가 아프다고 해서 소아과를 갔다. 그러나 특별한 이상 증후는 발견할 수 없었다. 이럴 때 아이가 아픈 것이 신체적인 증상보다 그 원인이 어디서 왔을지 생각해보자. 분명히 아이가 학교에 가기 싫은 이유가 있다.

일반 대화 예시

엄마 : (아이의 방문을 열면서) 정윤아! 학교 가야지. 어서 일어나~!

아이 : (아이는 대답 없이 이불을 머리까지 올린다.)

엄마 : (아이의 이불을 들추며) 정윤아! 학교 지각하겠다. 오늘도 또 배가 아파?

아이 : (아이는 배를 만지며) 엄마, 배가 많이 아파요. 오늘도 학교에 못 가겠어요.

엄마 : (아이의 이마를 짚으며) 열이 있나? 왜 배가 자주 아프지? 너, 혹시 학교 가기 싫어서 꾀병 부리는 것 아니지? 어제 저녁에 엄마 몰래 간식 먹었지? 늦은 시간 간식 먹지 말라고 엄마가 말했잖아.

아이 : (아이는 짜증을 부리며) 아니야! 간식 안 먹었어. 그냥 배가 아프다고!.

엄마 : (아이를 일으키며) 왜 엄마한테 화를 내고 그래? 병원에 가면 되잖아. 어서 일어나.

코칭 대화 예시

엄마 : 정윤아! 학교 가야지~

아이 : 엄마, 배가 아파서 학교를 못 가겠어요.

엄마 : 배가 많이 아파? 어디 보자. 여기?

아이 : 아니.

엄마 : 그럼. 여기?

아이 : 거기도 아니에요.

엄마 : (아이의 가슴을 쓰다듬어주며) 그럼 여기?

아이 : (아이가 엄마의 손을 잡으며) 네.

엄마 : 그래, 우리 정윤이 마음이 많이 아프구나.

아이 : 엄마. 학교에 가면 친구도 교실도 선생님도 모두가 낯설고 새로워요.

엄마 : 그래, 그렇지. 정윤이가 새 학기가 되어서 요즘 많이 긴장하고 힘들었구나.

아이 : 네. 학교 갈 생각만 하면 마음이 힘들어요.

엄마 : (아이를 꼭 안아주며) 많이 힘들어서 큰일났네.

부모 코치 되기

취학기 아동 가운데 대략 5%는 학교를 꺼리거나 등교를 거부한다고 한다. 만약 아침마다 배가 아프다고 등교를 거부하는 아이가 있다면, 그 가운데 몇 퍼센트의 아이가 진짜 복통으로 인해 결석을 하는 것일까? 아이가 아픈 것은 배일까 마음일까?

아이들은 각각 초등학교와 중학교에 입학하는 시기별로 새로운 환경에 적응하면서 홍역을 앓곤 한다. 이는 새로운 상황이 낯설고 익숙하지 않아 두렵거나 고통스러울 때 또는 자신이 없거나 싫은 일을 해야 할 때 느끼는 스트레스 탓이 크다. 이처럼 심한 스트레스를 느낄 때 아이는 위축되고 짜증내고 불안해하며 배가 아픈 신체적인 반응을 하게 되는 것이다.

이럴 때 부모는 외적인 부분만을 보는 것이 아니라 부모의 직관을 통해서 아이의 내면을 볼 수 있어야 한다.

코칭 팁

- 아이의 말로 표현하는 언어뿐만 아니라 아이가 온몸으로 말하고자 하는 것에 귀 기울인다.
- 아이를 주의 깊게 관찰하고 섬광처럼 번쩍이는 직관을 활용하여 아이의 내면의 소리에 귀 기울인다.
- 아이의 내면의 소리를 인정하고 따뜻한 위로와 공감을 표현한다.
- 학교에 가기 싫어하는 어떤 이유가 있는지 관심을 기울이고 아이와 이야기를 나눈다.

나 학원 가기 싫어요

사례 배경

학부모라면 잠자리에 들기 전 "엄마, 나 내일 학원 가기 싫어. 이제 안 갈래"라는 아이의 갑작스런 폭탄선언을 듣고 '드디어 올 것이 왔구나!' 하는 생각에 가슴이 철렁 내려앉는 경험을 한 번쯤은 해보았을 것이다.

'내가 어떻게 알아낸 학원인데 테스트까지 통과시켜 간신히 넣어줬건만…… 한동안 적응 잘하는 것 같더니 도대체 이게 무슨 소리? 잘만 버텨내면 원하는 학교 들어가는 건 시간문제 아닌가? 이 녀석을 진짜? 엄마가 원하는 것과 아이가 원하는 것이 이렇게 다를 줄이야…… 진짜 동상이몽이 따로 없네. 다른 애들은 시키면 시키는 대로 잘만 따라하던데 우리 애는 대체 왜 이럴까? 왜 까다로운 걸까?'

그러면서도 엄마는 아이에게 꾹 참고 말을 걸어 대화를 시도해 본다.

일반 대화 예시

엄마 : 왜 학원 가기 싫은데?

아이 : (엄마 눈을 피한다.)

엄마 : 얘기해봐! 왜 가기 싫은데?

아이 : 아니…… 그게…….

엄마 : 말을 해보라고! 뭐가 문제야?

아이 : (고개를 떨어뜨린 채 아무 말이 없다.)

엄마 : 아니 말을 해보라고!!

코칭 대화 예시

엄마 : 우리 민서가 하루 종일 고민이 많았나 보네. 이 시간에 엄마한테 이야기 꺼내는 걸 보니. 그런 결정을 내리게 된 이유가 있을 것 같은데 무슨 일이 있었는지 좀 더 말해줄 수 있어?

아이 : 음…… 그게…… 나는 열심히 한다고 하는데도 진도 따라가기도 버겁고 숙제 양도 너무 많아서 힘들어. 그동안은 나름대로 적응해보려고 했는데…… 그리고 솔직히 나도 잘하고 싶은 마음은 있지. 다른 친구들보다 잘하고 싶기도 하고. 그런데 내가 한 만큼 결과가 안 나오니 속상하기도 하

고 힘들기도 해.

엄마 : 그렇구나. 우리 민서가 그동안 많이 힘들었구나. 기대한 만큼 결과가 안 나와서 속상하기도 하고. 엄마가 미처 몰랐네. 그냥 잘 다니기에 괜찮은 줄 알았어. 그래도 나름대로 적응해보려고 노력한 것이 중요하지. 엄마도 어떨 때는 뜻대로 안 되면 속상하거든.

아이 : 진짜? 엄마도 생각한 대로 안 돼서 속상할 때가 있었어? 난 엄마는 뭐든지 다 잘하는 줄 알았는데.

엄마 : 아냐. 엄마도 너처럼 그렇게 속상하고 자신감이 떨어질 때도 많았어. 그런데 그럴 때마다 잘했을 때를 떠올려보면 그래도 힘이 생기더라. 우리 민서도 스스로 잘했다 싶은 때가 있지 않았을까?

아이 : 음~ 나는 지난번에 우리 반에서 나만 문제 풀었을 때. (하하하!)

엄마 : 야~ 그때 아주 신났겠는데. 기분이 어땠어?

아이 : 완전 신났지. 친구들이 어떻게 푸는 거냐고 물어봤을 때 솔직히 으쓱했었어. 내가 왜 그걸 잊고 있었지?

엄마 : 그럼 민서야! 아까 엄마한테 한 고민은 어떻게 해결하면 좋을까?

아이 : 음…… 생각해보니 숙제하다가 양도 많고 잘 안 풀려서 좀 짜증이 났었나 봐. 그래서 가기 싫은 마음도 생겼고. 숙제는 하는 데까지 해보고 못하면 내일 가서 못했다고 말하지

뭐. 안 풀리는 건 내일 학원 가서 물어볼게.

엄마 : 그래~ 좋은 생각 같아. 그럼 혹시 엄마가 도와줄 게 있을까?

아이 : 아냐. 엄마. 진짜 내가 힘들면 그때 다시 이야기할게.

엄마 : 알겠어. 엄마한테 오늘 털어놓고 말해줘서 고마워. 스스로 답을 내리는 걸 보니 우리 아들 다 컸네.

부모 코치 되기

보통의 아이들은 학교나 학원을 가지 않겠다고 하는 대신 배가 아프다고 하거나 머리가 아프다며 울상을 짓는다. 학원 갈 시간이 됐는데도 미적거리며 늦장을 부리기도 한다. 이때 엄마는 다그치기보다는 그러한 행동에 민감하게 반응할 필요가 있다. 그럴 때는 이렇게 말해보자.

"그래, 충분히 그럴 수 있어. 이렇게 비가 오는 데 집을 나가는 것이 귀찮지. 엄마도 이렇게 비가 내릴 땐 출근하기 싫더라. 그런데 늦게 가면 선생님이 기다릴 텐데 어쩌지?"

이렇게 아이의 마음을 먼저 충분히 공감해주고 그래도 소용이 없다면 판단이 들어가지 않는 객관적 질문을 통해 원인을 파악해야 한다. 원인을 알면 해결 방법이 보인다. 엄마의 잔소리는 아무런 도움이 되지 않는다.

아이가 학원 가기 싫은 이유는 여러 가지가 있을 수 있다. 선생님과의 관계가 좋지 않아서일 수도 있고, 친구들에게 따돌림을 당한다거나, 숙제를 안 했기 때문일 수도 있다. 아니면 어제 너무 뛰어놀아서 에너지가 소진되어 기운이 없어서일 수도 있다. 또는 부모와 어떤 일로 신경전이 벌어졌는데 학원을 가지 않는다는 것으로 시위를 할 수도 있다.

이렇듯 먼저 원인을 제거해주는 것이 우선이다. 그러고 나서 책임감을 완수하는 것이 얼마나 중요한 일인지, 몰랐던 것을 알게 해주는 공부가, 공부를 통해 세상에 대해 깊고 넓어지는 경험이 얼마나 소중한 것인지 한 번쯤 생각하게 한다면 그다음 단계는 훨씬 수월해질 수 있다.

코칭 팁

- 부모 입장에서 다그치지 말고 먼저 아이의 마음을 공감해준다.
- 아이의 초기 행동을 민감하게 바라보며 객관적 질문을 통해 학원 가기 싫은 원인을 파악한다.
- 해결책을 미리 제시하기보다는 사례나 비유를 통해 아이 스스로 원인을 제거하게 한다.

나 공부하기 싫어!

사례 배경

하기 싫은 공부 정말 왜 해야 할까? 이렇게까지 억지로 스트레스 받으며 꼭 해야만 할까?

여전히 공부하기 싫은 아이들이 대부분이지만, 공부가 싫다고 포기하게 둘 수 없는 마음이 엄마, 아빠의 마음이다.

참여 위주의 수업과 진로를 탐색할 수 있도록 실시된 자유학년제가 끝나고 성적순으로 줄 세우기가 시작되는 중2 첫 시험을 앞두고 있는 우리 집 큰아이는 아직까지 자기 꿈이 뭔지도 모르겠단다. 뭘 하고 싶은지도 모르겠고. 게임하는 동안에만 초집중하며 눈에서 레이저가 나온다.

일반 대화 예시

엄마 : (스마트폰으로 게임에 열중하고 있는 아들을 바라보며) 너, 다음 주 시험 아니야?

아이 : 응. 잠깐만! 이것 만 하고!

엄마 : 너 아까도 그 얘기했어. 학원 숙제는 다한 거야? 시험 준비는 하고 있고?

아이 : (여전히 듣는 척 시늉만 하며 게임에만 집중하고 있다.)

엄마 : 야! 너 당장 내려놔! (스마트폰을 빼앗는다.)

아이 : 아이씨! 이번만 하고 말 거였는데 짜증나!

엄마 : 네 친구 수현이는 어제도 새벽 2시까지 공부하고 잤다던데 너는 만날 게임만 하고 앉아 있으니 첫 시험을 어떻게 보려고 하는 건지……. 시험 보고 나서 후회하지 말고 당장 공부해!!

코칭 대화 예시

엄마 : (스마트폰으로 게임에 열중하고 있는 아들을 바라보며) 너, 다음 주 시험 아니니?

아이 : 응. 잠깐만! 이것만 하고!

엄마 : 그래! 뭐가 그렇게 재미있을까? 엄마도 궁금한데 옆에서 잠깐 봐도 되니?

아이 : 네. (마지막 한 게임을 끝내고 스마트폰을 내려놓으며 엄마와 눈을 맞춘다.)

엄마 : 엄마가 옆에서 잠깐 보니 우리 아들 눈에서 레이저가 나오더라. 게임이 우리 아들을 이렇게 집중하게 하는 이유가 뭘까?

아이 : 아, 엄마 이것 봐봐. (게임 조작 방법을 엄마에게 알려주며) 엄마, 엄청 쉽지?

엄마 : 그렇네. 처음 하는 엄마도 할 수 있을 만큼 조작이 쉽네.

아이 : 그런데 엄마. 이것 보여? 사냥, 훈련만 잘하면 레벨 업도 되고 레벨 업이 되면 무기나 옷들이 막 생겨. 그러면 내가 되게 잘하는 것 같고 성취감이 느껴져.

엄마 : 그래, 아들이 잘한다니 엄마도 기쁘다. 게다가 성취감까지 느끼니 엄마도 신나네. 아들! 혹시 공부를 게임에 대입해보면 어떤 차이가 있을까?

아이 : 음…… 일단 공부는 재미가 없어. 게임처럼 쉽지가 않잖아. 그리고 게임처럼 성취감도 느끼기 힘들단 말이야. 공부는 지루하고 어렵고, 따분해~

엄마 : 그래! 당연히 게임보다 공부가 힘들고 재미가 없지. 그래도 만약 공부를 잘하게 되면 어떨까?

아이 : 그야 당연히 좋지. 애들 앞에서도 기분도 좋고.

엄마 : 그래! 그럼 공부할 때 게임할 때처럼 재미있게 눈에서 레이저가 나오게 하려면 어떻게 하면 좋을까?

아이 : 음…… 일단 쉬워야겠지?

엄마 : 그래. 그러면 공부가 쉬워지려면 어떻게 하는 게 좋을까?

아이 : 음…… 일단 내가 좋아하고 지금 당장 잘하는 부분부터 조금씩 해보면 나아지지 않을까?

엄마 : 그래. 그것 좋은 생각이다. 그럼 아까 게임은 바로바로 성취감을 맛볼 수 있어서 좋다고 했는데 공부하면서 우리 아들이 재미나게 성취감을 느껴보려면 어떻게 해야 할까?

아이 : 음…… 아! 이 방법이 좋겠네. 내가 다음 주 시험 볼 때까지 계획표를 세워보고 하나씩 끝나간 것을 표시해보면 뿌듯하고 성취감을 느낄 수 있을 것 같아.

엄마 : 와~우! 맞아! 그렇네!! 좋은 생각이다. 아들이 하나하나 계획대로 실천해서 뿌듯하고 성취감을 느끼면 엄마도 덩달아 기분이 좋을 것 같아. 우리 아들 파이팅!

아이 : 엄마! 오늘은 엄마가 진짜 내 친한 절친 같아! 하하하!!!

부모 코치 되기

시대가 많이 변했지만 공부가 성공, 출세의 발판이 된다는 인식은 여전하다. 아이들을 더할 나위 없이 건강하고 밝게 키우고 싶지만, 온갖 압박과 스트레스를 줄 만큼 공부를 강요하고 있다. 강제로 억지로 하게 된 공부는 반감, 반항심만 생기며 거부감만 깊어진다. "공부하기 싫어"라고 외치는 데에는 그 속내에 깊은 이유가 있다.

먼저 우리 아이가 공부에 대한 생각이 바뀔 수 있도록 이유를 먼저 물어보자. 그리고 나서 공부해야 하는 이유를 깨닫도록 도와주는 것이 중요하다. 아이가 배우고 싶은 것, 싫어하는 과목이 있다면 분명 좋아하는 과목도 있을 것이다. 성적과 결과에 상관없이 강점과 장점을 먼저 살릴 수 있도록 도와주는 부모의 역할이 우선이다.

그동안 대학을 잘 보내고 좋은 곳에 취업시켜 주변 아줌마들 사이에서 부러움을 받기 위해 공부를 시키는 건 아닌지, 부모로서 아이들에게 진정으로 준 것이 무엇인지, 행여 아이들의 행복을 잃게 한 건 아닌지 곰곰이 생각해봐야 한다.

코칭 팁

- 아이가 공부하기 싫다고 하는 이유 물어봐준다.
- 공부에 대한 생각과 관점을 전환시켜 공부해야 하는 이유를 깨닫도록 돕는다.
- 성적과 결과에 상관없이 아이의 강점과 장점을 먼저 살려주고, 주변 친구와의 비교 경쟁으로 심리적 압박을 주지 않는다.
- 아이가 마치 자신의 못다 이룬 꿈을 대리 성취해주기를 바라듯 아이를 몰아세우거나 부모의 의지대로 아이를 몰아가지 않는다.
- 아이가 스스로 자신의 상황을 돌아볼 수 있도록 느긋하게 기다려준다.
- 조금의 성적 향상에 대해서도 그 노력을 인정해준다.

친구가 자꾸 괴롭혀요

사례 배경

같은 반 친구가 지속적으로 괴롭혀서 아이가 힘들었던 경험이 한 번쯤 있을 것이다. 성장기 아이들이 공격적인 행동을 보이는 것은 자연스러운 발달 과정이지만 공격성을 상대방이 허용하는 범위 내에서 발산하지 않고 조절하기 어려운 아이들은 친구들을 심하게 괴롭히거나 놀리고, 때리기도 한다.

초등학교 4학년인 예솔이는 유독 자신 없는 표정과 개미만 한 목소리로 친구들에게 괴롭힘을 당하는데 당하고 나서도 친구들에게 제대로 자기표현도 하지 못하고 울어버리는 일이 다반사이다.

일반 대화 예시

엄마 : (울고 들어오는 예솔이를 보고) 또 왜 울어? 무슨 일이야?

아이 : 아~~~~~앙 엉엉엉엉~~~

엄마 : 얘기해봐! 오늘도 바보같이 당하고 온 거야? 엄마가 뭐라고 했어? 그럴 땐 똑같이 해주라고 했잖아. 아휴~ 속 터져 진짜!! 바보같이 왜 그러냐?

아이 : (여전히 울음을 그치지 못하고 운다.)

엄마 : 누구야? 이리 와봐. 어서 얘기를 해봐. 그래야 엄마가 도와주지. 옆에 누구누구 있었어? 안 되겠어! 오늘은 학교에 찾아가든지 해야지.

아이 : 안 돼! 그러지 마 엄마! (엄마를 막으며 더 크게 운다.)

코칭 대화 예시

엄마 : (울고 들어오는 예솔이를 보고 달려가서 눈을 맞춘다) 예솔아! 무슨 일이야? 엄마가 옆에 있잖아. 괜찮아. 무슨 일이 있었는지 천천히 이야기해볼래?

아이 : (울음을 그쳐가며) 음…… 그게 있잖아. 오늘 사회 시간에 모둠 숙제를 해오라고 했단 말이야. 네 명씩. 발표도 해야 하고 조사도 해야 하고, 인터뷰도 해야 해. 그런데 아무도 나랑 같이 모둠을 안 하겠대.

엄마 : 이런, 우리 예솔이가 너무 속상했겠다. 그래서 어떻게 했어?

아이 : 그래서 선생님이 알아서 네 명씩 모둠을 만들어줬단 말이야. 그런데 그 모둠에 민희가 있었는데, 엄마, 민희 알지? 민희가 집에 오는 길에 내 가방을 툭 치고 가더라고.

엄마 : 아이쿠 저런~ 그래서 우리 예솔이는 어떻게 했어?

아이 : 그게, 아무 말도 못하고 그냥 왔어. 그런데 혼자 걸어오면서 생각해보니 너무 속상했어.

엄마 : 우리 딸 속상했겠네. (꼭 안아주며) 엄마도 이렇게 속상한데…… (아이를 다독여주며) 그런데 민희가 왜 그런 행동을 했다고 생각해?

아이 : 음…… 그게, 내가 다른 사람 앞에서 말도 잘 못하고 그러니까 우리 모둠이 망했다고 생각하나 봐.

엄마 : 그렇게 심하게 생각한다고? 그 부분에 대해서 예솔이는 어떻게 생각하는데?

아이 : 나도 애들이랑 같이 잘하고 싶은 마음이 있는데. 왠지 말을 잘 못하겠고 자신이 없어. 엄마 앞에서는 이렇게 잘하는데 왜 그럴까?

엄마 : 맞아, 엄마 앞에서 이렇게 잘하는데. 그럼 예솔아~ 모둠 역할 중에서 우리 예솔이가 잘할 수 있는 게 어떤 것이 있을까? 한번 엄마랑 같이 생각해볼까?

아이 : 음…… 조사는 잘할 수 있어. 다른 애들보다 꼼꼼하게 잘할 자신이 있어.

엄마 : 그래, 좋은 생각이네. 그럼 조사하는 부분에 관해 내일 모

둠 친구들한테 이야기해보는 것은 어떨까?

아이 : 음. 그러고 싶은데…… (뜸을 들이며) 자신이…… 없…… 어.

엄마 : 그럼 엄마가 친구라고 생각하고 편하게 하고 싶은 말 한번 해볼래?

아이 : 음…… 연습하기는 좀 쑥스럽지만 한번 해볼게요. "민희야, 어제 네가 내 가방을 툭 치고 가서 나 너무 속상했어. 그런데 생각해보니 우리 모둠이 망했다고 생각해서 그런 것 같더라고. 나도 잘하고 싶어. 나 조사 잘할 수 있는데, 내가 조사 잘할 테니까 우리 같이 열심히 해보는 것 어때? 오늘 학교 끝나고 우리 집에 가서 같이 준비하자." 어때 엄마, 괜찮아?

엄마 : 와~우! 잘했어 당당하게 잘 말하네. 내일 민희한테는 더 멋있고 당당하게 잘할 것 같은걸? 엄마한테 미리 한번 말해보니까 어때?

아이 : 음~ 엄마가 이렇게 응원해주니까 내일 말 잘할 수 있을 것 같아. 엄마, 내가 내일 민희 데리고 올 테니까 맛있는 것 좀 해줘요. 알았지?

엄마 : 당연하지!

부모 코치 되기

왜 친구를 놀리고 괴롭힐까? 언뜻 자신의 힘과 능력을 과시하는 듯 보이지만, 속마음을 들여다보면 관심과 인정을 받고 싶은 욕구의 표현이다. 그런 욕구는 누구나 가지고 있는 정상적인 성장 발달 과정이며, 자존감이 긍정적으로 형성된 아이는 스스로 자신의 능력을 알기 때문에 친구를 괴롭히지 않는다. 괴롭힘을 당할 때에도 스스로를 보호할 수 있다.

반면 자존감이 낮은 아이는 자신을 무시한다고 생각해서 똑같이 상대를 괴롭히거나 아무런 반응을 하지 못한 채 우물쭈물하다가 반복적으로 괴롭힘을 당하는 경우가 많다. 괴롭히는 아이든 괴롭힘을 당하는 아이든 왜 그렇게 행동하느냐고 비난하고 야단치기보다는 아이의 속마음을 들여다보고 긍정적으로 자존감이 형성되도록 주위에서 관심을 가지고 도와주는 것이 중요하다.

코칭 팁

- 부모 입장에서 감정적으로 확대 해석하여 부모가 해결하려고 하지 않는다.
- 아이의 마음을 충분히 공감해주고 편안함을 유지하게 한 후 솔직하게 이야기할 수 있는 환경을 만든다.
- 아이의 속마음을 들여다보고 긍정적으로 자존감을 형성할 수 있도록 강점을 끌어낸다.

선생님이 나만 미워해!

사례 배경

아이가 학교에서 돌아와 "엄마! 선생님이 나만 미워해!"라고 말하면 엄마는 아이의 말 한마디에 많은 생각과 고민을 하게 된다. 아이가 엄마의 관심을 끌기 위해 거짓말을 하는 걸까? 아니면 정말 선생님이 아이에게 그런 행동을 했을까?

우리 아이가 "엄마! 선생님이 나만 미워해"라고 속상하고 서운한 마음을 전하면 어떻게 반응해야 할까? "설마 그럴 리가 있냐?"라든지, "네가 잘못해서겠지"라는 어떤 판단보다는 '아이가 왜 그런 말을 할까?'에 더욱 주목하고 그 배경과 아이의 마음에 더욱 집중해서 알아차리는 것이 더 필요하다.

주원이는 학교에서 돌아와 화난 얼굴로 "엄마! 선생님이 나만 미워해" 하며 울음을 터뜨렸다. 당황한 엄마는 오늘 학교에서 무슨 일이 있었는지 선생님과 통화를 해보았지만 아무 일이 없다고 한다.

일반 대화 예시

아이 : 엄마! 선생님이 나만 미워해.

엄마 : 주원아, 네가 뭔가 잘못한 일이 있으니까 그렇지. 선생님이 그러실 리가 있겠니?

아이 : 아니야. 난 잘못한 게 없어. 선생님이 나만 미워해서 수업 시간에 안 떠들었는데 떠들었다고 혼냈단 말이야.

엄마 : 네가 떠들었겠지. 설마 떠들지도 않았는데 혼낼 리가 있니? 수업 시간에 딴짓하지 말고 잘 들어.

아이 : 됐거든. 엄마는 잘 알지도 못하면서. (문을 꽝 닫고 방으로 들어간다.)

코칭 대화 예시

아이 : 엄마! 선생님이 나만 미워해.

엄마 : 주원아, 선생님이 우리 주원이만 미워한다고? 에구, 속상하겠네! 선생님한테 서운한 일이 있었나 보구나. 학교에서 선생님하고 무슨 일이 있었는지 말해줄 수 있어?

아이 : 수업 시간에 안 떠들었는데 선생님이 나더러 떠들었다며 혼냈어. 너무 억울해!

엄마 : 저런, 진짜 속상하고 억울하겠다. 주원이가 떠들지도 않았

는데 혼났으니. 혹시 선생님은 왜 그렇게 말한 것 같아?

아이 : 사실 내 짝이 자꾸 말 걸잖아. 그래서 내가 조용히 하라고 했는데 그 장면만 보신 것 같아.

엄마 : 아, 그런 일이 있었구나. 그럼 더 억울하네. 그래서 어떻게 했어?

아이 : 그냥 아무 말도 못하고, 좀 짜증나고, 선생님이 나만 미워하는 기분.

엄마 : 저런, 많이 섭섭했겠다. 그럼 어떻게 좀 해보면 좋을까?

아이 : 그냥 잊을래. 선생님이 잘못 보고 말한 것 같아. 생각해보니 딱히 나를 미워해서라기보다는…….

엄마 : 그래, 좋은 생각이네. 다음에 또 그런 일이 생기면 어떻게 할래?

아이 : 선생님에게 조용히 가서 말씀드려야겠어. 아니라고.

엄마 : 그래, 주원아. 그렇게 하는 것이 좋겠네. 억울한 마음이 생기지 않도록. 자, 이제 우리 기분 전환으로 맛있는 것 먹을까?

아이 : 네~~ (금세 기분이 풀렸다.)

부모 코치 되기

가정에서의 생활과 학교에서의 생활은 조금 다르다. 단체생활을 해야 하는 학교에는 지켜야 할 규칙과 질서가 있고, 선생님이 훈육하는 과정에서도 방법의 차이가 있을 수 있다. 아동기는 자신만의 가치관을 형성하고, 이런 과정에서 자신감과 독립심이 발달한다.

그리고 세계관은 아직 주관적인 세계관이라는 측면에서 하나의 독립된 인격체로 완성되었다고 보기는 어렵다. 이 시기는 자긍심(self-esteem)이 완성되고 향후 기본적인 사회 기술과 가치관을 확립하는 아주 중요한 시기이므로, 아동이 자신감을 갖고 과업을 달성할 수 있도록 많은 긍정적인 지지가 필요하다.

특히 아동기 초기에는 단체생활에서 불안감을 느끼는 경우 아직은 자기중심적이기 때문에 이런 감정을 "선생님이 나만 미워해"라는 말로 표현할 수 있다. 아이가 이런 말을 할 때 엄마는 아이의 마음이나 상황을 이해하고 공감하는 것이 필요하다. 그리고 구체적으로 무슨 일이 있었는지 듣고 선생님의 부당한 행동이나 말이 있었는지 확인해보아야 한다.

코칭 팁

- 아이가 느끼는 부정적인 감정을 줄이고 긍정적인 감정을 강화하도록 한다.
- 아이의 말에 대한 판단과 처방보다는 깊이 있는 공감이 필요하다.
- 아이의 마음을 잘 알아차리기 위한 아주 예민한 관찰이 필요하다.
- 친구와의 관계, 선생님과의 관계 등에 집중해서 듣고, 아이를 살핀다.

엄마, 나 전학 가면 안 돼?

사례 배경

고등학생 정도 되면 자신의 생각을 조리 있게 말하고 리더십을 가진 사람이 되어 있길 바라는 것이 모든 부모들의 공통된 바람일 것이다.

어느 날 갑자기 아무런 이유도 설명하지 않은 채 전학 가겠다고 한다면 어떻게 대처할 수 있을까? 아니, 대처한다는 생각보다는 어이가 없어서 아이의 마음은 뒤로한 채 한바탕 야단을 치거나 아이의 의견은 무시하게 될 가능성이 크다.

한창 공부에 몰입해야 되는 시기에 있는 고등학생이라면 부모 입장에서는 더더욱 이해가 안 될 수밖에 없을 것이다. 이런 경우 아이와 어떤 대화를 할 수 있을까 알아보자.

일반 대화 예시

아이 : 엄마…….

엄마 : 왜?

아이 : 저 있잖아요. 나 전학하고 싶어요.

엄마 : 얘가 무슨 말도 안 되는 소릴 하고 있어?

아이 : …….

엄마 : 지금 니가 초딩이냐? 말이 되는 소리를 해야 대꾸를 하지.

아이 : …….

엄마 : 들어가서 공부나 해!!

코칭 대화 예시

아이 : 엄마…….

엄마 : 왜? 수민아! 엄마한테 무슨 할 말이라도 있니?

아이 : …….

엄마 : 무슨 일인데 이렇게 어려워하지? 괜찮으니까 편하게 말해 봐.

아이 : 엄마 저 전학 가면 안 될까요?

엄마 : 전학? 갑자기? 무슨 전학?

아이 : …….

엄마 : 잠깐만. (호흡을 한 번 하고 나서) 수민아! 학교에서 무슨 일 있었니?

아이 : 저 그냥…… 전학 가고 싶다는 생각이 들었어요.

엄마 : 그래? 전학 가고 싶다는 생각이 들었다는 거구나?

아이 : 네.

엄마 : 전학 가려고 생각하게 된 이유를 물어봐도 될까?

아이 : 사실은 공부를 한다고 하는데 생각보다 성적이 안 올라요. 이제 곧 있으면 3학년이 될 텐데…….

엄마 : 그래, 수민이가 요즘 성적 때문에 고민이 많구나!

아이 : 네…… 그래서 여기보다 조금 시골로 가면 성적을 올리는 게 쉽지 않을까라는 생각이 들었어요. 그리고 특별전형 같은 것도 있다는 말도 들었고.

엄마 : 그래? 수민이가 스스로 성적에 대해 염려하면서 좀 나은 성적을 얻기 위해 이렇게 다양하게 고민하고 있다는 것이 엄마는 기쁘고 대견하다. 그리고 시험 성적이 엄청 부담스럽구나!

아이 : 네. 정말 너무 힘들고 공부하는 것이 싫어요.

엄마 : 그래, 공부하는 것이 힘들지. 전학 가고 싶을 정도로 힘든데 수민이가 진정으로 바라는 것은 어떤 걸까?

아이 : 사실 전학이라기보다는 공부가 힘들어서 어째야 하나 하는 것 때문이에요. 전학 간다고 잘한다는 보장도 없고.

엄마 : 그렇구나. 그러면 어떻게 해야 공부에 대한 부담이 좀 줄어들까?

아이 : 지금보다 더 열심히 할 수밖에 없지요 뭐. 엄마, 내가 좀 더 방법을 생각해볼게요.

엄마 : 그래, 수민이가 그렇게 생각했다니 엄마도 마음이 좀 편해지네. 넌 잘해낼 거야. 누구 딸인데. 수민이 파이팅!

부모 코치 되기

아이가 하는 말의 의도를 알아차리기 위해서 구체적인 배경을 찾는 것이 중요하다. 전학 가려고 하는 아이는 대학 입시에 대한 부담감과 성적에 대한 부담감으로 인해 전학이라는 것을 생각한 것이다. 이 상황에서 부모가 아이의 의도를 파악하지 못한다면 코칭 대화는 쉽지 않다. 호기심을 가지고 아이가 왜 이런 말을 했을까를 탐색한다면 아이는 부모로부터 존중받는다는 느낌을 받고 자신의 속마음을 자연스럽게 터놓게 된다.

미국의 교육학자 짐 테일러(Jim Taylor) 박사는 "어린이와 청소년에게 미치는 영향의 90%는 부모로부터 오고, 나머지 모든 영향을 합한 것이 고작 10%이다. 그래서 아이들의 장래를 결정하는 것은 학교나 학원이 아니라 바로 부모이다"라고 했다.

즉, 부모의 역할은 아이를 낳아서 부모가 희망하는 좋은 대학에 들어가고, 또 나아가 좋은 직장에 들어가게 하는 것이 아니다. 아이들이 어릴 때부터 그들의 재능을 발견해서 그들이 잠재력을 꽃피우며 성장한 후에도 행복한 삶을 누릴 수 있는 역량을 길러주는 것이 부모의 역할인 것이다.

유대인의 율법서이자 아이 교육 지침서인 《탈무드》에도 부모의 역할을 강조한 부분이 나와 있다. 《탈무드》에는 "하나님은 직접 모든 아이들에게 갈 수 없기 때문에 어머니와 아버지를 보낸다"는 말이 있다. 이러한 내용은 아이들의 성장과 교육에서 부모가 결정적이고 직접적인 교육자임을 그리고 부모의 역할이 소중함을 강조하고 있는 것이다.

아이들의 욕구를 이해하는 가장 좋은 방법 중의 하나는 아이들의 이야기를 귀가 아닌 몸으로 경청하는 것이다. 자신의 부모가 자신의 이야기를 모든 수단을 동원하여 경청하고 있다고 느끼는 것만으로도 아이들은 유대감과 동시에 정서적인 안정감을 느낀다. 그래서 자신의 마음속에 있는 이야기를 거리낌 없이 편안하게 털어놓을 수 있는 것이다.

코칭 팁

- 아이의 생각을 귀 기울여 들으려고 노력해야 한다. 경청한 후에 또 경청하고, 또 경청한다.
- 아이의 노력하는 모습, 생각과 고민에 대해 진심으로 인정하고 축하한다.
- 어떤 판단이나 선입견도 가지지 않고 온전히 아이의 마음을 읽으려고 노력해야 한다.
- 아이의 말에 대한 긍정적인 의도, 구체적인 배경이 무엇인지 호기심을 가지고 알아차린다.
- 아이의 생각을 존중해야 한다. 아이도 생각하고, 발전하고 싶고, 더욱 성장하고자 하는 욕구가 있는 귀한 존재임을 믿어야 한다.

엄마랑은 도대체 말이 안 통해요

사례 배경

사춘기 자녀를 둔 부모라면 아이와 무슨 말을 어떻게 해야 할지 난감한 상황이 자주 발생한다. 요즘은 사춘기가 빨라져서 초등학교 5, 6학년만 되어도 부모와 대화를 잘 하려고 하지 않는다.

얼마 전 학부모 강의를 갔는데, 강의가 끝난 후 한 엄마가 질문을 했다. “교수님, 저희 아이가 지금 중학교 1학년인데요. 집에만 오면 가방을 휙 던져놓고 방에 들어가서 무슨 말만 하면 짜증을 내는데 어떻게 하면 좋을까요?”라며 도움을 요청했다. 이런 경우 부모는 화가 나고 답답하기만 하다. 나도 이런 경험이 있어서 우리 아이와 했던 대화법을 그 엄마에게 알려준 적이 있어 소개하려고 한다.

일반 대화 예시

현관문에 들어서자마자 "다녀왔습니다"라고 무뚝뚝하게 말을 하고는 방문을 쾅 닫고 방으로 들어가는 아들을 보고 이렇게 말한다.

엄마 : 야! 너 학교에서 무슨 일 있었어?

아이 : 없었어요.

엄마 : 그런데 왜 문을 쾅 하고 닫고 들어가? 너 이리 좀 나와봐.

아이 : 아~ 왜요?

엄마 : 나오라면 나오지 너 말버릇이 그게 뭐야?

아이 : (짜증 섞인 목소리로) 아! 정말 엄마랑은 말하고 싶지 않아요.

엄마 : 뭐라고? 너 이리 와봐.

아이 : 아 좀! 제발 그냥 내버려둬요! (현관문을 쾅 닫고 밖으로 나가버린다.)

코칭 대화 예시

현관문에 들어서자마자 "다녀왔습니다"라고 무뚝뚝하게 말을 하고는 방문을 쾅 닫고 방으로 들어가는 아들을 보고 이렇게 말한다.

엄마 : 아들~ 학교에서 무슨 일 있었니? 기분이 안 좋아 보이네.

아이 : …….

엄마 : 엄마가 잠깐 방으로 들어가도 될까?

아이 : …….

엄마 : (잠시 멈추었다가) 아들?

아이 : 네.

엄마 : 무슨 일 있었니?

아이 : …… (잠시 머뭇거리더니) 학교 끝나고 청소 시간에 어떤 애가 자꾸 방해를 하잖아요.

엄마 : 좀 짜증났겠네. 그래서?

아이 : 그래서 빗자루를 던졌는데 하필 그때 담임 쌤이 딱 들어와 가지고.

엄마 : 아고! 하필 선생님이 들어오셔서…….

아이 : 혼났죠. 뭐

엄마 : 그랬구나. 짜증이 날 만도 하네.

아이 : 네. 아 진짜 짜증이 확 나더라고요.

엄마 : 정말 그랬겠네.

아이 : 엄마! 나는 왜 화가 나면 잘 못 참을까요?

엄마 : 화를 잘 참지 못한다고 생각하는구나. 네가 그렇게 생각하는 이유는 뭘까?

아이 : 그게요…….

부모 코치 되기

사춘기는 변연계라고 하는 감정의 뇌가 발달하는 시기다. 부모가 감정적으로 반응하면 이 시기의 아이들은 이성적으로 사고하는 전두엽이 아직 발달하지 않았기 때문에 감정적으로 대응할 수밖에 없다. 그러나 부모가 아이의 속도에 맞추어 대화를 시도하면 아이도 마음의 문을 열고 자신이 고민하고 있는 주제들을 자연스럽게 이야기하는 경우가 많다.

코칭 대화는 이런 점에서 아주 유익한 대화법이라고 할 수 있다. 이때 중요한 것은 부모가 아이의 말을 있는 그대로 반영해주는 것이다. 그냥 아이의 말을 그대로 따라만 해주어도 아이는 부모가 자신의 말을 잘 들어주고 있다는 느낌을 받게 되고, 천천히 마음의 문을 열고 부모와 대화를 잘할 수 있게 된다.

그리고 '나쁜 대화 사례'에서처럼 일방적으로 '말하기'에서 '코칭'으로 변화 중인 부모들은 나에게 이렇게 물어온다.

"저는 이제껏 이런 경험을 해보지 못했는데 아이와 진심으로 대화하는 것이 가능할까요?", "코칭이 저에게 도움이 될까요?", "시작하기에 너무 늦은 것은 아닐까요?"

이와 같은 의문이 생기지만 한 가지 좋은 소식은 자녀와 서로 마음을 나누는 대화는 아이의 연령에 관계없이 언제나 시작이 가능하다는 사실이다. 오늘이 가장 빠른 날이다.

단, 그 과정에서 가장 필요한 것은 인내와 노력, 주의 집중이다. 새롭게 코칭을 시작하는 부모에게 더 많은 문제는 '어디에 시간과 에너지를 집중해야 하는가? 질문하는 데? 아니면 건강한 관계를 만드는 데?'이다.

단연 건강한 관계를 만드는 것이 가장 우선이다. 당신도 기분이 좋지 않을 때 누가 질문하면 답하기 싫지 않은가? 그와 같은 원리다. 만약 관계에 친밀함이 없다면 아무리 좋은 질문일지라도 소용이 없을 것이며, 부모가 아이에게 받게 될 대답은 의미 없고 진심이 담기지 않은 깊이가 부족한 대답일 것이다. 이것은 의미 있는 코칭 대화로 이끌지 못할 것이다.

관계에 깊이와 건강함을 주는 것은 단순히 강력한 질문이 아니라 그보다 앞서 건강한 관계를 유지하기 위한 노력이다. 좋은 관계가 되어야 질문도 힘을 받아 아이가 엄마의 질문에 답하게 된다. 서로간의 관계의 친밀함이 최우선이며, 친밀함은 '서로를 이해하게 되는 기본 요소이다. 친밀함은 진심어린 대화를 열어주는 문이며, 자녀를 이해하도록 도와주는 요소이기도 하다.

코칭 팁

- 아이의 감정을 먼저 읽어준다.
- 아이의 말을 그대로 사용한다.
- 너무 조급해하지 말고 천천히 다가간다.
- 아이가 보이는 문제 행동의 배경에 대해 호기심을 가지고 질문한다.

아무것도 하고 싶지 않아요

사례 배경

살면서 이상하게 모든 일이나 행동, 말하는 것, 심지어 관계를 맺는 것 자체가 귀찮고 아무것도 하기 싫을 때가 있다. 자신의 몸과 마음이 지쳐가는 반복적인 생활을 하다 보면 누구나 한 번쯤 겪었을 무기력증이다. 충분한 휴식을 갖고 재미있고 즐거운 작은 목표부터 차근차근 실천해나가다 보면 작은 성취를 통해 동기를 부여받으며 그 상황에서 벗어날 수 있다.

이제 곧 고등학생이 되는 주안이도 이런저런 고민이 많다. 자신이 생각한 것과 다르게 성적도 오르지 않고 친구 관계도 서먹해지고 가족들에게 괜히 짜증을 내는 일도 많아지면서 재미있는 일도 없고 아무것도 하기 싫다. 주안이 엄마가 대화를 시도하려고 해도 주안이는 요즘 묵묵부답인 경우가 많다.

일반 대화 예시

엄마 : 주안아, 요즘에 힘든 일이 있니? 왜 아무것도 안 하니?

아이 : ……. (모바일 게임에 집중한다.)

엄마 : 주안아! 엄마랑 이야기 좀 하자. 네 나이 때는 다 그래. 사춘기가 와서 그런 거야. 시간이 지나면 다 괜찮아. 그래도 할 건 해야지. 네가 학생이잖아. 학생의 본분이 뭐니? 공부잖아! 공부!

아이 : 엄마, 나가! 귀찮아!

엄마 : 얘가 지금 뭐라는 거야? 너 잘되라는 거야! 엄마 말고 누가 네 걱정을 하니?

아이 : 엄마는 나를 몰라. 말하기 싫어! 얼른 나가!

코칭 대화 예시

엄마 : (아이 표정을 살피며) 주안아! 요즘 학교생활은 어때?

아이 : 그저 그래요.

엄마 : (아이에게 다가가며) 무슨 일이 있니?

아이 : 그냥요.

엄마 : 주안이가 요즘 부쩍 힘든 것 같아. 많이 피곤해 보이고 기운이 없어 보이네. 학교 공부에 학원에 방과후 수업까지 해야 하니, 엄마가 봐도 정말 힘들겠어.

아이 : 엄마! 사실 공부를 열심히 해도 성적도 오르지 않고, 함께 이야기할 친구도 없고 해서 학교생활이 힘들어요. 재미도 없고. 그래서 아무것도 하기 싫고 짜증만 나요.

엄마 : 그랬구나. 이야기할 친구도 없고 성적도 마음대로 되지 않아 힘들었구나! 엄마는 그런 고민이 있는 줄도 모르고 있었네. 말하기 힘든 고민 꺼내줘서 고마워. 엄마한테 이렇게 이야기를 꺼내놓고 나니 지금 기분은 어때?

아이 : 음…… 누군가가 내 고민을 들어준다고 생각하니 조금은 마음이 편안해졌어요.

엄마 : 그렇구나. 우리 주안이의 이런 기분을 전환할 수 있는 일이 있을까?

아이 : 음…… 엄마~ 그럼 오늘 하루 내 친구가 되어줄래요? 같이 나가서 떡볶이도 먹고 서점에 가서 책도 고르고, 오늘 하루는 공부와 상관없는 하루를 보내고 싶어요.

엄마 : 그래. 그렇게 하자. 오늘 우리 최고의 날을 한번 만들어볼까?

아이 : (활짝 웃으며) 네 좋아요! 엄마! 오늘은 제 속마음을 털어놓을 수 있어 참 좋아요! 서점에 가서 필요한 책도 빨리 사고 싶어요. 그동안 뭔가 답답한 마음뿐이었는데 이렇게 편하게 얘길 나눌 수 있어서 좋아요. 저는 그동안 엄마가 제 공부와 성적에만 관심이 있는 것 같아 부담도 되고 고민이 많았어요. 하하하! 오늘 하루는 제 마음대로 보내고 내일부터는

다시 학교생활을 즐겨볼게요.

엄마 : 그래, 엄마는 주안이가 재미나게 학교생활을 잘할 거라고 생각해. 그리고 오늘처럼 고민을 나눌 친구가 필요하면 어떻게 할까?

아이 : 당근, 엄마 찾아야지요.

엄마 : 그래, 엄마는 언제나 우리 주안이의 수호천사이지. 자, 이제 나가자.

부모 코치 되기

치열한 경쟁사회라고 생각하는 마음의 큰 압박감으로부터 아이는 매사에 짜증이 나고 무기력해지거나 불만을 토로하는 공격 성향이 강해질 수 있다. 어떤 한 가지에 너무 몰입되어 균형이 깨질 때 무미건조한 생활에 점점 더 깊이 빠져들 수 있다.

친구나 부모와의 관계가 나쁘지도 않고 특별한 문제가 없는데도 무기력한 아이들이 있다. 이 아이들은 일상적인 일은 하고 있는 듯 보이나 의욕을 보이는 일이 없다. 하고 싶은 것도, 되고 싶은 것도 없다. 이때 부모는 아이의 표정과 행동에 민감해져야 한다. 그리고 그런 경우 부모로서 그런 행동에 해결책을 제시해주기보다는 아이의 마음을 먼저 읽어주자.

자녀들이 '베프'라고 하는 친구들처럼 무한 추임새와 감탄사를 사용하여 아이의 가장 친한 친구가 되어보자. 아이가 아무것도 하기 싫어할 때 "너만 힘든 것 아냐", "남들도 다 그래" 등의 조언은 아이가 상처받기 쉬운 말이다. 친한 친구의 수다를 받아주는 마음으로 온 마음을 열어 아이에게 다가가자. 그것이 코칭에서 말하는 '경청의 자세'이다.

말뿐만 아니라 행동까지 온전히 아이에게 부모가 아닌 친구로 다가가자. 그러고 나서 재미있고 즐거운 목표를 찾아나갈 수 있도록, 그 상황에서 벗어날 수 있도록 도움을 주는 부모로서의 역할이 필요하다.

코칭 팁

- 아이의 표정과 행동에 민감해져야 한다.
- 아이의 행동에 해결책을 제시해주기보다는 아이의 마음을 먼저 읽어준다.
- 친한 친구에게 대하듯 온 마음을 열어 아이에게 다가간다.
- 말뿐만 아니라 행동까지 온전히 아이에게 부모가 아닌 친구로 다가간다.
- 아이가 좀 더 의미 있고, 삶의 본질적인 목표를 찾아나갈 수 있도록 지지해준다.

제발 말 좀 함부로 하지 마세요

사례 배경

사춘기 청소년을 둔 부모라면 한 번쯤 아이에게 본의 아니게 거친 말을 내뱉은 경험이 있을 것이다. 그리고 동방예의지국인 한국의 정서에서는 상상하지 못할 거친 말들이 청소년들의 입에서 시도 때도 없이 나오는 것을 자주 목격하게 된다. '내 아이는 안 그러겠지'라는 생각으로 아이를 바라보다가 큰 낭패를 당하기도 한다.

정작 아이들이 부모에게 말을 함부로 하면서 부모가 좀 나무라거나 야단을 치면 아이들은 눈을 부릅뜨고 부모에게 반감을 표시하는 경우가 주변에서 심심치 않게 발견된다. 이럴 때 우리 부모들은 아이들과 어떻게 소통할 수 있을지 막막하기만 하다.

일반 대화 예시

아이 : (컴퓨터 게임에 두 시간째 빠져 있다.)

아빠 : 너 지금 몇 시간째 그러고 있냐? 네가 정신이 있어 없어?

아이 : 아 왜요? 지금 쉬는 시간이란 말이에요.

아빠 : 뭐? 쉬는 시간? 너 지금 두 시간째 게임하고 있는 거 몰라?

아이 : 저 할 거 다했어요.

아빠 : 뭐라고? 이 녀석이 지금 어디서 꼬박꼬박 말대꾸야?

아이 : …….

아빠 : 너 지금 어디서 배운 버르장머리야!!

아이 : 제발 아무것도 모르면서 말 좀 함부로 하지 마세요!

코칭 대화 예시

아이 : (컴퓨터 게임에 두 시간째 빠져 있다.)

아빠 : 우리 아들이 컴퓨터 게임을 아주 신나게 하고 있네.

아이 : 네.

아빠 : 어떤 게임이기에 두 시간 동안이나 한 번도 쉬지 않고 게임을 하는지 궁금하네.

아이 : 죄송해요. 금방 끝낼게요.

아빠 : 어느 정도 걸릴까?

아이 : 이제 마무리만 하면 돼요.

아빠 : (게임을 마칠 때까지 잠시 기다려준다.)

아이 : 이제 게임 그만할게요.

아빠 : 게임은 어땠어?

아이 : 이번에는 제가 이겨서 기분이 좋아요.

아빠 : 와! 이겼다니 축하한다. 기분이 좋겠네. 아들! 잠시 아빠와 이야기 좀 할 수 있을까?

아이 : 네. 뭔데요?

아빠 : 아빠는 네가 게임을 하는 모습을 보니 조금 염려가 되는 부분이 있는데…….

아이 : 알아요. 제가 너무 게임을 할까 봐 염려하시는 거죠?

아빠 : 하하, 그래.

아이 : 그래도 제가 할 일은 다 하고 하는 거예요.

아빠 : 그래, 민수가 평소 잘 챙겨서 스스로 할 일을 잘해주니 아빠도 네가 자랑스러워. 그런데 지금 민수가 중3인데 고등학교 진학을 앞두고 있어서 게임에 대해서 그래도 염려가 좀 되네.

아이 : 네, 아빠. 저도 알긴 아는데 친구들과 같이 하니까 조절이 잘 안 돼요. 그렇다고 게임을 완전히 그만두고 싶지는 않고. 그래서 사실 조금 고민이 좀 되긴 해요.

아빠 : 그렇구나. 그런 어려움이 있었네.

아이 : 아빠, 어떻게 하면 좋을까요?

아빠 : 네 말을 듣고 보니 고민도 되긴 하겠다. 민수야! 지금처럼 게임을 몇 시간씩 한다면 어떤 영향이 있을 것 같니?

아이 : 음…… 아마 공부에 방해가 되겠죠? 그리고 어쩌면 원하는

대학에 못 들어갈 수도 있고요. (잠시 생각에 잠긴다.)

아빠 : 그렇지. 만약 네가 게임에서 좀 더 자유로워져 공부에 더 집중하고, 원하는 대학에 입학하면 어떨 것 같아?

아이 : 당연히 좋겠죠. 나 자신이 너무 자랑스럽고, 부모님 보기도 떳떳하고.

아빠 : ……. (생략)

부모 코치 되기

위 일반 대화 예시에서 보면 아빠의 쉴 새 없는 질문을 볼 수 있다. 이러한 것을 '질문 세례(barrage of questions)'라고 하는데 대화할 때 여러 가지 질문들을 쏟아내는 것을 말한다.

"너 지금 몇 시간째 그러고 있냐? 네가 정신이 있어 없어?", "뭐? 쉬는 시간? 너 지금 두 시간째 게임하고 있는 거 몰라?"

이 질문들은 모두가 폐쇄형 질문이다. 아이의 대답을 듣고자 하는 의지는 전혀 없고, 질문형이긴 하지만 거의 아빠의 독백에 가깝다. 아이에 대한 비난과 힐책, 판단, 설교 등이 다 들어간 문장이다. 이런 대화는 아이의 마음의 문을 닫게 하고, 서로간의 관계는 엉망이 된다. 또한 이런 질문과 대화는 아이에게 엄청난 압박이 될 수도 있고, 아이가 각각의 질문에 대해 충분히 생각하지 못하도록 가로막기도 한다.

질문할 때는 의도적으로 하나만 묻고 생각과 성찰, 의미 있는 답변을 할 시간을 충분히 준다. '말하기'에서 효과적인 '질문하기'로의 전환에서도 어려움이 느껴질 수 있다. 그러나 이와 같은 전환에 도움이 되는 실천적인 방식이 있다. 그 방법은 간단하다.

아이를 더 잘 이해하려고 변화하기 위해 노력하고 있음을 아이에게 알리고, 도움을 받겠느냐고 물어보라. 부모는 아이에게도 말할 수 있는 기회를 주고, 혹시 자신이 잘못된 질문을 할 때 아이에게 알려달라고 부탁하라.

그리고 당신이 닫힌 질문이나 특정한 질문을 할 때마다 아이에게 1,000원을 준다고 약속한다. 이는 아이와 부모가 즐거운 관계를 형성하게 하고, 또한 성숙한 가운데 아이와 부모가 서로 파트너가 되게 만들어준다. 게다가 아이에게는 용돈이 좀 더 생기기 때문에 동기 유발이 될 수 있다.

코칭 팁

- 아이의 행동에 대해 편견을 버리고 인정해준다.
- 아이가 즐거워하는 일에 호기심을 가지고 바라본다.
- 아이의 노력하는 모습, 충실함에 대해 인정하고 축하한다.
- 아이의 마음이 움직일 수 있도록 열린 마음으로 기다려준다.
- 아이를 충분히 지지하고 인정해주면서 코칭 대화를 시도한다.
- 너 전달법인 You 메시지보다는 나 전달법인 I 메시지를 사용하여 "나는 ~ 이런 마음이 든다"라고 전달한다.
- 부모의 성장과 발전을 위해 아이에게 파트너 관계를 요청한다.

그냥 나 좀 내버려두세요

사례 배경

아이의 숨은 재능을 찾아준다는 명목하에 우리 부모들은 아이들을 어릴 때부터 피아노 학원에 태권도, 미술, 발레, 축구 클럽까지 옆집에 뒤질세라 하나라도 더 가르쳐보고자 여기저기 기웃거린다. 물론 이러한 활동을 통해 어릴 때부터 아이의 감각을 풍부하게 하려는 좋은 의도를 가지고 말이다.

한술 더 떠 바쁜 시간을 쪼개어 천문대 별보기라든가, 숲 체험, 여행 등 다양한 경험을 제공하기도 한다. 그런데 부모의 이런 노력에 반해 아이는 매사 시큰둥하다. 집 앞 피아노 학원조차 다니는 것을 힘들어하고 무언가 새로운 일을 시작하는 것을 꺼린다.

왜 그럴까? 이런 아이들은 실패를 두려워하기 때문일 수도 있다.

일반 대화 예시

엄마 : 우현아! 너 지금 뭐 하니?

아이 : 나 안 간다고요.

엄마 : 아니, 빨리 옷 챙겨 입고 나오지 못해? 남들은 배우고 싶어 안달인데, 보내주겠다고 하는데도 왜 이래, 얘가?

아이 : 아 싫다고요. 그냥 집에 있을래요. 축구 클럽 안 가고 싶어요. 그냥 나 좀 내버려두세요.

엄마 : 어휴~ 집에만 있지 말고 친구들이랑 같이 뛰어다니고 어울리면 좀 좋아?

아이 : 아니, 저 어린아이 아니니까 제가 알아서 할게요! 제가 하고 싶은 것 알아서 할 거란 말이에요.

엄마 : 네가 하고 싶은 게 뭔데? 하고 싶은 마음만 갖고서는 안 돼. 그게 뭔지 모르겠지만 잘할 자신 없으면 아예 시작도 하지 마!

코칭 대화 예시

엄마 : 아들~ 준비하고 있니?

아이 : 엄마! 나 축구 클럽 안 가고 싶어요!

엄마 : 그래? (아들과 눈을 맞추며) 한동안 그렇게 좋아하더니, 우리 아들이 왜 그런 생각을 하게 됐을까?

아이 : 아니에요. 오늘은 그냥 나 좀 내버려두세요.

엄마 : 아~ 그래~~ 우리 아들한테 무슨 일이 있었나 보네. 오늘 축구 클럽은 안 가도 좋아. 그런데 혹시 무슨 일이 있었는지

엄마한테 얘기해줄 수 있을까?

아이 : (뜸들이며 망설이다) 음…… 그게 실은 지난번 시합할 때 내가 패스를 잘못하는 바람에 우리 팀이 1점을 놓쳤단 말이에요. 나 때문에 진 것 같아 우리 팀한테 미안하기도 하고, 애들이 수군댈까 봐 두렵기도 해요. 아마 나랑 같은 팀 하기 싫어할 것 같아요.

엄마 : 그런 일이 있었구나~ 엄마가 모르고 있었네. 그런데 우현아! 우리 우현이는 지난번에 어떤 마음으로 패스했니?

아이 : 음…… 당연히 잘하고 싶었어요. 우리 팀한테 패스를 잘하고 싶었고, 후반전 뛰는 내내 정말 열심히 최선을 다했단 말이에요.

엄마 : 그렇다면 우현아! 우현이의 그 마음을 친구들은 어떻게 생각할 거 같아?

아이 : 뭐, 사실 애들은 신경도 안 쓰겠지. 기억도 못할걸…… 하여튼 지금 다시 생각해보니 같이 '파이팅!'도 외치고 땀 흘리며 달렸으니 애들도 같은 마음이겠다는 생각이 드네요. 아마 다른 친구가 그랬어도 저라면 이해할 것 같아요.

엄마 : 그래~ 우리 아들! 그러면 만약에 우현이가 다음번에 경기를 한다면 어떻게 하고 싶니?

아이 : 음…… 지난번 실수는 다시 하지 않으려고 노력하겠죠? 하하하! 엄마! 나 얼른 옷 입고 나갈게요. 오늘 클럽에 가서 더 열심히 달려보고 싶어졌어요!!

부모 코치 되기

앞에서 언급했듯이 좋은 성과를 내지 못하고 칭찬받지 못한 아이들은 실패를 두려워한다. 성공만 생각하다 보니 작은 실패도 받아들이기 힘들다. 그러다 보면 작은 실패가 큰 문제로 번지기도 한다. 그동안 과정이 아니라 결과를, 노력이 아니라 지능을 칭찬받아 왔던 아이들은 새로운 도전보다는 현재에 안주하고 싶고 쉬운 과제만 하려고 든다. 그동안 좋은 결과를 얻지 못하면 칭찬받지 못했기 때문이다.

이때 부모가 먼저 실수와 실패에 대한 인식을 바꿔야 한다. 결과보다는 과정의 소중함을, 실패의 경험은 살아가면서 어떤 식으로든 도움이 된다는 것을, 또한 아이가 실패를 긍정적으로 바라볼 수 있게 패러다임을 전환해주는 일이 필요하다. 올바른 칭찬이 무엇인지, 자녀의 매 순간 과정에 대한 부모의 인정과 지지가 필요하다.

코칭 팁

- 아이가 실패에 대해 두려움을 가지지 않도록 작은 성공에 대해서도 칭찬과 인정을 한다.
- 부모가 먼저 실수와 실패에 대한 인식을 바꿔야 한다.
- 결과보다는 과정에 더욱 초점을 맞추고 과정의 소중함을 인식한다.
- 아이가 실패를 긍정적으로 바라볼 수 있게 패러다임의 전환이 필요하다.
- 올바른 칭찬이 무엇인지를 인식하고, 자녀의 매 순간 과정에 대한 부모의 인정과 지지가 필요하다.

엄마,
그만 좀 비교해요!

사례 배경

아이를 키우는 과정에서 다른 아이와 자신의 아이를 비교했던 경험, 한 번쯤은 있을 것이다. 다른 아이들보다 '조금 더 빠르게', '조금 더 특별하게'를 원하는 부모의 마음은 본의 아니게 아이에게 상처를 주게 된다.

아동기와 청소년기 아이를 둔 엄마들은 보통 친구들과 만나서 아이의 공부 이야기를 넌지시 한다. 아이의 성적이 어떻고, 어느 학원을 다니고, 아이가 어떤 특별한 성과를 냈는지…… 아이의 학습 능력을 비교하는 것에서 자유로운 부모가 과연 얼마나 있을까?

인간은 사회적 동물이라 집단에 소속되길 바라고 공통적으로 다른 사람에게 인정받고 싶어 한다. 아이들 역시 어른의 인정을 받고 싫어 한다. 하지만 아이의 인생이 다른 사람에 의해서 좌우되어서는 안 되며, 타인의 인정에 연연하다 보면 스스로 사고할 수 없게 된다. 소신껏 행동할 수도 없다.

요즘 부모들은 가정에서 아이들을 모두 공주님 왕자님으로 키웠다고 생각하겠지만, 내가 학생들을 가르치면서 느끼는 것은 아이들의 자존감이 참 많이 낮다는 것이다. 아이들의 이러한 낮은 자존감은 어디에서 비롯된 것일까? 다른 집 아이와의 비교는 자녀의 자존감을 낮추는 지름길이 될 수 있다. 그렇다면 자존감이 높은 아이로 성장하도록 돕는 부모의 역할은 무엇일까? 코칭 대화를 통해 자녀 스스로 삶을 개척해나가도록 돕는 조력자로서의 부모가 아닐까?

일반 대화 예시

아이 : (계속 침대에서 빈둥대면서 스마트폰을 보면서 놀고 있다.)

엄마 : 아휴~ 속상해. 같이 돈 쏟아붓고 어릴 때부터 영어유치원 보내고 다 똑같이 해줬는데 민정이는 이번에 영어토론대회에서 상을 받았다고 하더라. 도대체 너는 뭐니?

아이 : 민정이는 민정이지 왜 자꾸 비교하세요? 기분 나쁘게?

엄마 : 비교 안 하게 생겼어? 내가 똑같이 안 해준 게 뭐야? 그런데 매번 왜 그렇게 뒤처지는지 속상해 죽겠다! 내가 너 영어 잘하라고 돈을 얼마나 쏟아부었는지 알아?

아이 : 아 짜증나! 그럴 거면 민정이 데려다 키우지 왜 만날 나더러 그래?

코칭 대화 예시

아이 : (계속 침대에서 빈둥대면서 스마트폰을 보면서 놀고 있다.)

엄마 : 딸~ 뭐하고 있니?

아이 : 아…… 아니에요. 잠깐만 쉬었다 공부할게요.

엄마 : (딸의 표정을 자세히 살펴보며) 어? 우리 딸, 왜 이렇게 풀이 죽어 있을까? 무슨 일 있니?

아이 : 아녜요.

엄마 : (조금 기다려준다.) 엄마한테 하고 싶은 이야기가 있어 보이는데 할 얘기 있니?

아이 : 음…… 엄마! 나는 왜 그럴까요? 똑같이 하는 것 같은데 매번 민정이보다 못하는 이유가 뭘까요?

엄마 : 아~ 그것 때문에 우리 딸이 속상했구나! 민정이는 민정이고 우리 딸은 우리 딸인데. 엄마는 그렇게 생각하고 있는데 그걸 왜 신경 쓰고 있었어?

아이 : 아니…… 그런 생각이 들었어요. 한번 그런 생각이 드니 점점 자신도 없어지고 공부하고 싶은 마음도 없어지고 그래요. 나는 해도 안 될 것 같아요. (풀이 죽어서) 완전 망했어요.

엄마 : 우리 딸이 많이 힘들었구나! 그런데 예지야! 잘 생각해봐. 엄마는 우리 딸이 강점이 많이 있는 것 같은데. 잘하는 것 많잖아. 책도 잘 읽고, 게임도 엄청 잘하고, 수학, 과학 다 잘하잖아.

아이 : 뭐…… 하긴 그렇긴 하지.

엄마 : 예지가 잘하는 것이 또 많이 있는데……. 그리고 네 성격 중에 제일 마음에 드는 것은 뭐야?

아이 : 음…… (한참을 생각하다가) 꼼꼼함?

엄마 : 그래 맞아! 꼼꼼함을 가지고 있지. 그래서 우리 딸은 좀처럼 실수를 하지 않는 강점이 있어. 우리 딸 속도대로 스스로 잘하고 있지.

아이 : 아 그렇지? 느리지만 그게 강점이 될 수도 있겠네요.

엄마 : 그래. 충분히 잘하고 있으니까 너무 초조해하지 마.

아이 : 네, 엄마. 아까보다 기분이 한결 나아졌어요. 민정이는 민정이! 나는 나예요!!

부모 코치 되기

왜 우리 아이는 다른 집 아이와 같은 속도로 자라야만 한다고 생각할까? 아이 스스로의 욕구나 능력보다 부모의 욕구가 중요해지는 순간, 부모 마음에는 불안과 초조가 자라나기 시작한다. 그렇게 되면 아이 역시 '부모가 내 가능성을 믿지 않는구나', '나를 기다려주지 않네'라며 상처를 받게 된다. 가장 가까운 사람에게 신뢰받지 못한다는 좌절감이 아이의 자존감 형성에 큰 타격을 준다. 그렇게 되면 아이는 남들의 시선에 발이 묶여 도전하거나 모험하지도 않게 된다. 그러다 보면 자존감은 바닥을 치기 십상이다. 당연히 아이의 입장에서 비교당하는 기분은 언짢을 수 있다.

그럼에도 오늘도 우리 부모들은 자신의 아이와 옆집 아이를 비교한다. 부모는 아이의 존재 자체만으로도 귀하다고 느낄 수 있도록 존중해야 한다. 먼저 아이와 마주하는 지금 이 순간 아이의 마음이 어떤 상태인지 이해하고 공감해주며 아이의 단점이라 생각되는 점이 있더라도 비교, 지적하기보다는 생각 바꾸기를 통해 아이의 강점을 찾아내고 인정, 지지하여 성장 포인트가 될 수 있도록 해야 한다. 꾸준한 코칭 대화로 아이 스스로 삶을 개척해나가도록 돕는 조력자로서, 또 아이의 선택과 책임은 아이가 질 수 있도록 하는 부모로서의 역할을 잊지 말아야 한다.

코칭 팁

- 아이의 단점보다는 강점을 찾아내고 인정, 지지한다.
- 꾸준한 코칭 대화로 아이가 스스로 선택하고 책임지도록 한다.
- 아이의 존재 자체만으로도 귀하다고 느낄 수 있도록 존중해야 한다.
- 먼저 아이와 마주하는 지금 이 순간 아이의 마음이 어떤 상태인지 이해하고 공감해준다.

나는 되고 싶은 것이 없어요

사례 배경

아이에게 "너는 정말 되고 싶은 게 뭐야?"라는 질문을 하니, "나는 의사가 될 거예요"라고 답한다. 그래서 "네가 정말 원하는 거니?"라고 물으니, 아이는 "아니요. 엄마가 우리 집은 의사 가족이라고 모두 의사가 되어야 한대요"라고 답한다.

"그럼 네가 정말 되고 싶은 거는 뭐니?"

"사회복지사요."

이런 대화 내용이 많은 아이들의 모습이고, 부모들이 아이들에게 요구하는 내용이기도 하다. 아이의 적성은 생각하지 않고 다른 사람의 눈에 보기 좋은 것, 미래가 보장되는 직업만 선호하는 것이 현실인 것이다. 자녀 스스로 인생이라는 나무가 자신의 본성대로 멋진 나무가 되도록 돕기 위해 코칭의 대화 기술을 통해 부모가 먼저 배우고 익혀야 한다.

은진이는 중학교 2학년 여학생이다. 2학기 중간고사 시험을 본 후 자기 자신에게 실망을 많이 하고, 대학 진학에 대한 고민, 장래에 대한 고민을 하고 있는 상태이지만 갈팡질팡 전혀 중심을 잡지 못하고 있다. 다음은 고민 중인 은진이가 엄마와 대화를 나누는 장면이다.

일반 대화 예시

엄마 : 은진아, 이번 중간고사 성적표 나왔니?

아이 : ……. (스마트폰에 집중하고 있다.)

엄마: 은진아, 야! 엄마가 부르면 대답을 해야지.

아이 : (짜증나는 말투로) 왜요?

엄마 : 야 얘가 정말, 너 중간고사 성적표 나왔냐고?

아이 : 네.

엄마 : 가지고 와봐.

아이 : (퉁명스럽게) 여기 있어요.

엄마 : 너는 이 성적으로 뭘 하겠어……. 도대체 너는 앞으로 뭐 먹고살 거야? 정말 앞으로 뭘 하고 싶은 거야?

아이 : 에구 …… 저는 뭐…… 되고 싶은 것이 없어요. 그냥…….

엄마 : 너는 꿈도 없어?

아이 : (침묵하며) 네…….

엄마 : 네가 앞으로 뭘 해서 먹고사나 결정돼야 거기에 집중해서 공부할 거 아니겠어!

아이 : 됐어요. 제가 알아서 할게요.

엄마 : 야! 네가 알아서 하는 게 이 정도야? 알아서 못하니까 엄마가 걱정이지!

아이 : (짜증을 내며 자기 방으로 향한다.) 제가 다 알아서 한다니까요!

엄마 : 이 성적으로…….

아이 : 쾅! (문 닫는다.)

코칭 대화 예시

엄마 : 은진아! 이번 중간고사 성적표 나왔니?

아이 : ……. (스마트폰에 집중하고 있다.)

엄마 : 은진아…… 은진이가 스마트폰에 집중하고 있어서 엄마 말을 못 들었구나.

아이 : 아…… 네? 엄마, 불렀어요?

엄마 : 응. 은진이 중간고사 성적표 나왔니?

아이 : 네. 나왔어요. 여기 있어요.

엄마 : 우리 딸 공부하느라 수고했네.

아이 : (풀 죽어가며 대답한다.) 지난번 성적에 비해 떨어졌어요.

엄마 : 성적이 떨어져서 속상하구나. 은진이는 앞으로 뭐가 되고 싶어?

아이 : 모르겠어요. (침묵이 흐른다.) 공부를 하는데도 계속 성적은

떨어지고, 이 성적이면 대학 가기는 어려울 것 같은데, 앞으로 되고 싶은 건 별로 없고. 아무튼 잘 모르겠어요.

엄마 : 아, 그래. 은진이가 생각이 많구나. 엄마한테 조금 더 얘기해줄 수 있겠니?

아이 : 네. 요즘 성적은 계속 떨어지고, 친구들은 성적이 올라서 기뻐하는데 그럴 때마다 나는 이 성적으로 앞으로 뭘 할지…… 잘 모르겠어요. (한숨을 쉰다.)

엄마 : 그렇구나. 은진이가 고민이 많구나! 그럼 은진아! 은진이가 도깨비 방망이를 가지고 있다면 무엇이 되고 싶니?

아이 : …… (침묵이 흐른다.) 아! 금나라 와라 뚝딱 하고 남을 도와주는 직업요.

엄마 : 그렇구나! 우리 은진이가 남을 도와주려는 소중한 마음을 가지고 있다니 정말 훌륭하네. 그럼 은진이가 생각하는 남을 도와주는 직업은 어떤 걸까?

아이 : 음…… 사회복지사요.

엄마 : 아! 사회복지사? 그것도 좋지. 은진이가 하고 싶은 것을 생각해내서 엄마도 기쁘네. 사회복지사가 되면 어떤 것이 가능하지?

아이 : 내가 돕고 싶은 사람을 좀 더 전문적으로 도울 수 있지 않을까 싶어요. 좀 더 보람 있는 삶이 될 것 같아요.

엄마 : 그래. 네가 생각하는 멋진 사회복지사가 되면 엄마도 정말 좋겠다. 우리 같이 한번 알아볼까?

부모 코치 되기

아이들은 꿈이 열 번도 더 바뀌는 것 같다. 우리 딸의 경우 어릴 때부터 현재까지를 생각해보면 초등학교 때는 가수, 청소년 때는 국악인, 연예인 등 꿈이 자주 바뀌었다. 그러나 딱히 뭘 할지를 정하지 못한 채 엄마인 나의 권유에 의해 대학 때는 사회복지를 전공했다.

딸은 엄마의 아동복지학 학문의 대를 잇는다는 마음으로 대학을 사회복지학과로 진학했고, 대학 졸업 후 또다시 의사, 무용 전공 등을 헤매다가 다시 사회복지학과 아동복지 전공으로 석사과정에 들어갔다. 그리고 사회복지학 박사과정에 가서 교수가 된다고 했을 때는 드디어 아이의 미래가 명백해졌다고 생각했다.

그러나 미국에서 사회복지 랭킹 1위인 학교의 박사과정에 합격하고 함께 기쁨의 눈물을 흘린 지 불과 몇 달 되지 않아 학교를 자퇴해버렸다. 나와 남편의 실망은 엄청났다. 미국 최고의 명문대 박사과정 졸업 후 교수가 될 것이라는 딸에 대한 나의 기대도 끝났다. 나는 졸업만 하면 최고의 대학에 교수는 떼놓은 당상인데 왜? 나의 질문은 끝없이 이어졌지만, 딸은 나에게 이렇게 말했다.

"엄마가 늘 나에게 부담이었어요. 엄마의 기대로 인해 내가 박사과정까지 가게 된 거예요. 나는 좀 더 자유롭고 화려한, 그리고 내가 정말 하고 싶은 일을 할 거예요."

"나는 너에게 강제로 교수되라고 한 적이 단 한 번도 없었는데…… 너의 선택인데……."

"그것조차도 엄마의 기대를 저버릴 수가 없어서요. 엄마는 내 삶의 롤 모델이기도 해서. 그러나 이제는 내가 이미 학교를 그만뒀고, 변호사가 되기로 했으니 축하해줘요."

나의 딸은 서른이 넘었지만 현재 공부 중이다. 아직도 그 꿈이 진행형이다. 그렇다. 아이에게 의도적이든 비의도적이든 간에 부모의 기대가 그대로 이루어질 것이라 생각한다면 큰 오산이다. 아이가 기대하는 것을 함께 찾아내주고, 함께 협력하고 아이가 꿈을 향해 앞으로 나아가도록 끌어주고 축하하는 것이 부모의 역할이다.

코칭 팁

- 아이의 생각을 존중해주고 기다려준다.
- 아이의 생각이 확장되도록 코칭식 대화를 나눈다.
- 아이가 어떤 생각을 가지고 있는지, 마음 상태는 어떤지 관찰하고 반응해준다.
- 아이가 진로를 결정하지 못해도 재촉하지 않고, 부모가 정한 방법으로 강요하지 않는다.

제발 게임 좀 그만해!

사례 배경

요즘 말로 꼰대라고 할지도 모르겠지만 나는 어린 시절 늘 자연과 함께했다. 봄이면 아름다운 꽃들과 여름이면 무더위에 물놀이를 했고, 가을은 아름답게 물든 나뭇잎과 낙엽을 밟았으며 겨울에는 눈싸움을 하며 사계절을 충분히 즐겼다. 그러나 요즘 아이들은 스마트폰과 게임에 파묻혀 살아가고 있다. 한마디로 게임을 하면서 다른 친구와 소통하고, 게임 속에서 친구와 함께 시간을 보내고, 또 그 게임 때문에 속상해하고 신나 하기도 한다.

사실 발달 단계상 보면 아동기와 청소년기는 근육과 골격이 빠르게 성장함과 동시에 뇌도 함께 성장하는 중요한 시기다. 또한 공부의 기틀을 마련하는 시기이기도 해서 지금의 아이들이 부모의 눈에는 당연히 걱정스럽고 못마땅하여 잔소리가 늘어날 수밖에 없다.

다음은 학교 수업을 마치고 집에 온 아이와 엄마의 대화이다.

일반 대화 예시

아이 : (손에 스마트폰을 들고 게임을 하면서) 학교 다녀왔습니다.

엄마 : (집에 들어오는 아이를 보며) 야! 오늘도 게임하면서 집에 온 거야? 당장 게임 그만하고 손 씻어.

아이 : (게임에 집중하느라 아무런 대답이 없다.)

엄마 : 너 엄마한테 혼날래? 그렇게 스마트폰 쳐다보면 엄마가 눈 나빠진다고 했지? 저 밖에 단풍이랑 낙엽 좀 봐봐. 얼마나 낭만적이니? 오는 길에 친구들과 이야기도 하고 경치도 보고 좀 느끼면 얼마나 좋아? 만날 게임! 게임! 스마트폰 속으로 들어가겠네!

아이 : (방문을 꽝 하고 닫으며 자기 방으로 들어가면서) 야휴~ 만날 잔소리!

엄마 : (아이의 방문을 열며) 엄마한테 버릇없이! 제발 게임 좀 그만하고 공부 좀 해라!

코칭 대화 예시

아이 : (손에 스마트폰을 들고 게임을 하면서) 학교 다녀왔습니다.

엄마 : (아이가 들어오는 문으로 다가가며) 태민이, 학교 잘 다녀왔니?

아이 : (여전히 스마트폰을 보며) 네.

엄마 : 게임이 무척 재미있나 보구나! 태민아. 뭐 먹을 것 좀 줄까?

아이 : (계속 게임을 하며) 아니요. 지금은 이 게임에 집중해야 해요.

엄마 : (아이에게 다가가며) 그래. 그럼 게임이 끝나면 엄마에게 알려 줘.

아이 : (방에 들어가며) 네, 엄마.

엄마 : (자상한 표정을 지으며) 그래 좋아!

아이 : (게임이 끝난 후) 엄마, 저 게임 끝났어요.

엄마 : 그래. 그럼 태민이 나와서 간식 먹자.

아이 : 네~~ 엄마!

엄마 : 태민아, 게임하니 기분이 어때?

아이 : 너무 좋지요. 이기면 더 기분 좋아요. 재미있어서 학교에서 집에 오는 길에도 계속하게 되고.

엄마 : 그렇구나. 태민아! 그런데 엄마는 태민이가 게임에 너무 집중하는 것 같아서 걱정도 되고 안타까워. 우리 태민이 생각은 어떠니?

아이 : 음…… 그렇긴 한데 너무 재미있어서 스스로 조절이 잘 안 돼요. 게임 시간을 줄이면 좋을 것 같긴 한데.

엄마 : 그래. 스스로 조절한다는 것이 정말 어렵지. 그래도 태민이가 게임 시간을 잘 조절하여 지금보다 게임 시간을 줄이면 어떤 일이 가능해질까?

아이 : 그야 당연히 공부를 더 많이 하게 되겠지요. 그리고 성적도

더 잘 나오고요. 그럼 좋은 대학도 갈 수 있고 좋네요. 좀 더 줄여야 할 것 같아요.

엄마 : 와, 그렇게 말해주니 엄마도 기분이 굉장히 좋네. 스스로 게임 시간을 조절할 수 방법은 무엇이 있을까?

아이 : 음…… 내가 게임 말고 또 좋아하는 게 뭐가 있더라? 아! 맞다!! 야구를 좋아하니까 계속 게임 생각날 때마다 나가서 야구를 하면 어떨까요?

엄마 : 아하! 운동하는 거 아주 좋은 방법이다. 그럼 엄마가 혹시 어떤 도움을 주면 좋을까?

아이 : 음…… 제가 게임을 계속하려고 할 때마다 "태민아~ 야구 할까?"라고 말해주시면 좋을 것 같아요.

엄마 : 그래, 좋아. 태민이가 생각한 방법이니까 꼭 성공할 거야.

부모 코치 되기

대한민국은 2011년부터 청소년들의 게임 시간을 제한하는 셧다운 제도를 시행하고 있다. 청소년들의 과도한 인터넷 게임을 제한하기 위해 정부가 밤 12시부터 오전 6시까지 청소년들이 게임에 접속할 수 없게 하는 제도가 바로 셧다운 제도이다. 하지만 이 셧다운만으로 부모의 고민은 사라지지 않는다.

사춘기를 전후한 청소년들의 과도한 게임은 부모와 자녀 간의 대화를 단절시키며, 진로에 대해 고민을 해야 하는 시기의 청소년들에게 부정적인 영향을 미치고 있다. 그렇다고 무조건 게임을 하는 아이를 나무란다면 아이와의 충돌은 피할 수 없게 된다.

그렇다면 어떻게 하는 게 좋을까? 나 또한 중학생인 아들을 두고 있는 엄마이고 우리 아이 또한 게임을 엄청 좋아한다.

나는 게임에 집중해 있는 아이에게 뭐라고 말하기 전에 잠시 기다려주고 코칭 대화를 시작한다. 물론 처음에 기다려주는 게 쉽지는 않았다. 하지만 코칭 대화는 아이의 마음에 귀를 기울이게 해주어 아이의 마음을 닫히지 않게 해주었다.

부모가 아이들에게 자주 하는 "내가 하는 말은 다 너를 위해서 하는 말이야", "부모 말 들어서 손해 볼 건 없다" 등의 말들은 아이들에게 부모의 생각에 복종시키려는 것으로 비칠 수 있다.

그렇기에 아이의 마음이 닫히지 않게 기다려준 다음, 부모가 주어를 'YOU'가 아닌 'I'로 바꾸어 말한다면 아이를 비난하지 않고도 위 사례처럼 아이가 스스로 생각할 수 있고, 아이가 집중하고 있는 게임이라는 틀에서 자신이 좋아하는 야구로 생각을 전환할 수 있다. 이처럼 부모의 생각을 'I' 메시지로 전달한다면 아이의 커다란 반발심 없이 마음을 움직일 수 있게 될 것이다.

우리의 어린 시절과 다르게 요즘 아이들은 게임이라는 가상의 세계에서 살고 있다. 지금의 현실을 부정할 수는 없다. 다만 아이들이 가상의 세계에서 현실의 세계로 돌아올 수 있도록, 부모님이 아이들에게 생각을 전환할 수 있는 기회를 주어야 한다.

아이들의 생각의 전환은 어떻게 하면 가능할까? 부모 된 우리가 아이들의 마음을 움직일 만한 매력을 보여주어야 한다. 부모가 "다

너를 사랑해서 하는 일이야", "옆집 아이라면 이렇게 말하지도 않아!"라고 말한다면 아이의 마음을 움직일 수 있을까? 그것은 앞의 사례처럼 잔소리에 불과하다. 아이의 마음을 움직이려면 매사에 아이의 입장에서 마음을 읽어주고, 원인을 찾아 대화로 해결하는 감정투자의 방법이 필요하다.

코칭 팁

- 코칭 대화는 아이의 마음에 귀를 기울이게 해주어 아이의 마음을 닫히지 않게 해준다.
- 부모는 주어를 'YOU'가 아닌 'I'로 바꾸어 말한다.
- "나는"으로 말을 시작하고 객관적인 이유와 근거를 아이에게 제시한다.
- "너는"으로 시작하게 되면 비난과 판단이 들어가게 된다.
- 아이를 비난하지 않으면 아이는 스스로 생각해서 더 좋은 대안을 찾아낸다.

스마트폰 좀 그만 봐!

사례 배경

스마트폰과 컴퓨터로 대표되는 디지털 세상에서 내 아이를 지켜내기 위해 부모들은 늘 전쟁이다. 스마트폰을 포기할 수 없다면 어떻게 현명하게 아이와 병행해서 지내야 할지 고민이다. 부모의 사랑과 관심으로 스마트폰을 손에서 놓지 않는 우리의 아이를 지키고 싶다. 이럴 경우 부모가 어떻게 대처하면 좋을까? 다음의 사례를 통해 코칭 대화법을 배워보자.

6학년인 수현이는 어느 날부터인가 식탁에서도 스마트폰을 보며 밥을 먹고, 질문을 최소한 두 번은 해야 대답할 정도로 스마트폰에 빠졌다. 반복되는 모습에 싫은 소리를 하면 말없이 수저를 내려놓고 스마트폰을 들고 자기 방으로 들어가 버린다. 엄마는 그런 수현이가 걱정스러워 대화를 해보려고 노력 중이다.

일반 대화 예시

엄마 : 수현아, 오늘 학교에서 어땠어?

아이 : (음식을 씹으며 눈은 스마트폰에 집중하고 있다.)

엄마 : 수현, 엄마 말 안 들리니?

아이 : 뭐가요?

엄마 : 엄마가 밥 먹을 때는 스마트폰 식탁에 가져오지 말라고 했는데, 왜 엄마 말 안 듣니?

아이 : 왜 안 되는데요? 엄마 아빠도 밥 먹을 때 TV 보시잖아요!!!

엄마 : 그거랑 이거랑 같아? 엄마 아빠는 밥 먹으면서 TV도 잠깐 보지만 얘기도 충분하게 하잖아!!!

아이 : 나도 스마트폰 보면서도 밥 먹고 다 할 수 있어.

엄마 : 넌 아직 어려서 그렇게 하면 안 된다고!

아이 : 왜 그렇게 생각하는데? 할 수 있다니까. 나 밥 안 먹어!

엄마 : 너 자꾸 그렇게 얘기하면 스마트폰 없애버릴 거야.

아이 : (수저를 탁 내려놓고 방으로 들어가 버린다.)

코칭 대화 예시

엄마 : 수현아, 오늘 학교에서 어땠어?

아이 : (음식을 씹으며 눈은 스마트폰에 집중하고 있다.)

엄마 : 수현아! 수현이 네가 좋아하는 매콤한 갈비찜 맛이 어때?

아이 : 맛있어.

엄마 : 그 맛을 몸으로 표현해준다면? (폰에서 시선을 분산하는 제스처를 취할 수 있도록)

아이 : (귀찮아하면서 양팔로 큰 하트 모양을 그린다) 이 정도쯤!!!

엄마 : 수현아! 네가 그렇게 표현해주니 정말 기분 좋다. 오늘 하루 중에 제일로 기억하고 싶은 일은 뭘까? (혹은 생각나는 것 있으면 한 가지만 말해줄 수 있을까?)

아이 : 어…… (한참 생각하더니) 오늘 미술 시간에 지웅이가 준비물을 안 가져와서 내 것 나눠줬어.

엄마 : 그때 기분이 어땠어?

아이 : 음, 좋았어. 다음에도 준비물 가져가서 안 가져온 친구들이랑 나눠 써야지 생각했어.

엄마 : 수현이 멋지네. 어떻게 그런 생각을 했어?

아이 : 그냥…….

엄마 : 엄마는 수현이가 밥 먹을 때와 혼자 방에 있을 때 스마트폰 사용을 좀 줄이면 좋을 것 같아. 공부에 방해가 될까 봐 염려가 된다.

아이 : 알았어요. 좀 조절해서 할게요.

엄마 : 그래. 엄마는 밤 9시 이후에는 안 보면 좋겠는데, 어떻게 생각해?

아이 : 엄마, 그럼 10시부터는 안 볼게. 그 대신 친구들이 숙제로 연락할 때는 잠깐 봐야 해요.

엄마 : 음. 그럼 9시 반부터 안 보는 것으로 하면 좋겠다.

아이 : 알았어요.

엄마 : 수현이가 엄마와 약속해줘서 고마워. 우리 수현이는 잘할 수 있을 거야.

부모 코치 되기

사람은 누구나 전 생애를 통해 심리적·육체적 발달 단계를 거치며 통합의 과정으로 이어진다. 생애 발달 측면에서 이 시기의 아동 청소년은 다양하게 보고 듣고 생각하고 격려받고 칭찬받으며 자아정체성과 자기조절력을 키우는 단계로 볼 수 있다. 따라서 아직은 혼자서 할 수 없는 일들을 부모가 돌보고 지지해주는 것이 필요하다.

그 과정에서 디지털 세대에게는 일용할 양식 같은 스마트폰과의 분리가 가장 큰 위협이 된다. 그러나 다른 측면에서 스마트폰의 과도한 사용으로 인한 병폐는 측두엽(청각 손상, 대화·소통의 문제)과 전두엽(자기성찰 지능, 자기통제)이 발달되지 않아 심각한 발달 저하가 올 수도 있다. 즉, 뇌 발달 저해, 정서불안, 집중력 감퇴, 자아통제력 약화, 정체성 혼란 등 디지털 기기 때문에 아이들이 병드는 것이다.

이토록 심각한 문제를 야기하는 스마트폰이라 하더라도 아이들과 떨어질 수 없는 현실 또한 무시할 수 없다. 모든 재밋거리가 자기 손안에 있고, 친구와의 소통도, 학교 숙제 등 나누어야 할 정보도 다 스마트폰을 통해 가능하기 때문이다.

그러므로 '하지 않게'가 아니라 어떻게 '덜하게 할지'에 대한 고민이 필요하다. 아이에게 무조건적인 통제가 아니라 아이와의 협의하에 결정해야 한다. 엄마는 아이가 미성숙한 존재라 생각하고 충고, 조언, 평가, 지시를 하게 되지만 이보다는 아이를 하나의 온전한 인격체로 생각해서 아이의 생각을 물어보고, 아이의 결정을 축하하고 지지할 수 있는 마음의 근육을 키워야 한다.

코칭 팁

- 서로 의견이 다를 때는 아이와의 협의하에 제3의 대안을 결정한다.
- 아이가 기쁨과 희열을 느낄 수 있는 일을 부모가 함께 찾아본다.
- 아이와 함께 참여하고, 눈높이에 맞게 대화하는 성숙한 부모로서의 의식과 자세를 갖춘다.
- 엄마가 요청하고 싶은 것은 직접적인 대화로 아주 중립적이고 간결하게 전달한다. (예시 : 엄마는 수현이가 밥 먹을 때와 혼자 방에 있을 때 스마트폰 사용을 좀 줄이면 좋을 것 같아. 공부에 방해가 될까 봐 염려가 된다.)

– 에필로그 –

《아이가 달라지는 엄마의 말》에 함께하신 것을 환영합니다

많은 부모들이 이 책을 통해 아이의 마음을 이해하는 것이 어려우면서도 값진 일임을 깨닫게 되기를 바란다. 이 책은 지난 18년 동안 코칭 워크숍을 진행하면서 강의한 내용과 코칭 관련 저술 활동을 바탕으로 부모가 아이들과 대화를 나누는 상황에서 즉석에서 적용하도록 하기 위해 구상한 것이다. 책에는 최대로 생동감이 나도록 구어체를 사용하였으며, 답답하고 힘든 부모들이 좀 더 쉽게 내용을 이해하고 필요한 부분이 눈에 와 닿도록 많은 코칭 대화 예시와 코칭 사례를 사용하였다. 따라서 일반 부모뿐만 아니라 부모 교육에 관심이 있는 전문가, 서로 소통하는 데 훨씬 나은 결과를 가지고 싶은 모든 사람들에게 유익할 것이다.

이 책을 출판하는 데 여러 사람의 도움을 받았다. 코칭과 리더십 교육에 입문하도록 이끌어주신 스승 숙명여자대학교 이소희 교수님께 감사드린다. 또한 책을 완성하기 위해 1년간 함께 아이디어를 구상하고 기획하고 많은 코칭 사례를 함께 나눈 남서울대학교 코칭학과 박사과정생인 한미옥, 한민아, 이정은 선생에게 감사함을 전한다.

그리고 글을 쓰는 데에 기본적인 사례를 제공해준 나의 두 아이, 미국에서 열심히 새로운 미래를 위해 준비 중인 자랑스러운 딸 자경과 아직은 사춘기지만 날마다 심신이 성장해나가는 이 세상 최고의 귀염둥이 서윤에게 사랑을 전한다. 늘 코칭식 대화의 진수가 되도록 나를 단련시키고, 격려와 지지를 아끼지 않은 남편 장영오 교수에게도 감사의 마음을 전한다. 아울러 좋은 책이 탄생하도록 1년 동안 코칭해준 라온북의 김옥경 부장님과 편집부 및 조영석 소장님께 감사함을 전한다.

나는 이 책이 아이를 키우는 부모에게 아이 키우는 것이 고통이 아니라 행복을 배가시키고 아이의 잠재력을 극대화시키는 일임을 이해하는 데 도움이 되기를 바란다. 그래서 대한민국의 모든 부모와 아이들이 달라지고 서로에게 최고의 코치가 되기를 바란다.

날마다 더 멋진 부모와 아이가 되기를 바라며

도미향

북큐레이션 • 내 아이를 주도적인 사람으로 키우고 싶은 부모들을 위한 책

내 아이를 자존감 높은 사람으로 키우고 싶은 부모들이 〈아이가 달라지는 엄마의 말〉과 함께 읽으면 좋은 책!

엄마의 라이프스타일, 아이의 미래가 되다

김은형 지음 | 14,500원

내 아이를 똑소리 나는 인재로 기르는 라이프스타일 에듀 프로젝트

반인반폰, 포노 사피엔스들의 시대에 부모 세대의 성공방정식은 더 이상 통하지 않는다. 아이들은 비단 학교에서만 배우지 않는다. 새 시대에는 부모의 삶과 라이프스타일 그 자체가 아이의 교과서가 된다. 30년간 교육 현장에서 온몸으로 변화를 이끌어온 '스쿨 혁명의 아이콘' 교사 김은형이 '삶으로서의 교육, 교육으로서의 삶, 일상이 교육이다!'라는 철학 아래 미래형 교육법을 제시한다. 성공하는 사람에겐 성공하는 라이프스타일이 있다. 당신의 라이프스타일을 바꾸는 것만으로도 아이와 세상을 변화시킬 수 있다.

슬기로운 부모 수업

구은미 지음 | 14,000원

'당신은 부모인가, 양육자인가?' 부모가 바뀌어야 아이의 인생이 달라진다!

오랫동안 부모 교육 강사로 활동하며 엄마 선생님으로 불리는 저자가 내 아이를 잘 키우고 싶은 3040 부모들에게 필요한 자녀교육법을 알려준다. 저자는 바쁘다는 이유로 아이와 같이 시간을 보내지 못했던 부모들에게 아이의 인생에 기적을 일으키는 방법은 아이와 함께 의미 있는 시간을 보내는 것이라고 말한다. 또한 아이를 부모의 틀에 맞춰 키울 것이 아니라 아이가 잘하고 즐기는 것은 무엇인지 찾아내 키워주어야 한다고 조언한다. 초등학생부터 사춘기 자녀를 둔 부모들의 양육 고민을 해결해주는 책이다.

엄마 자격증

진이주 지음 | 13,800원

공감 대화법부터 칭찬법, 문제 행동 대처법까지
현실 육아 지침 28!

'어떻게 하면 내 아이에게 더 나은 엄마가 될 수 있을까?' 육아가 서툰 초보 엄마들을 위해 내 아이를 주도적이고 자존감 높은 사람으로 키우는 법을 알려주는 책! 부모가 되는 데 자격증이 필요하다고 하면 의아해할 수 있으나 유대인들은 아이를 낳기 전 부모가 되는 공부를 한다. 부모로서 올바른 가치관, 부모의 역할이 무엇인지 미리 학습하는 것이다. 이 책은 육아가 서툰 엄마들에[게 20여 년간 가족 상담 전문가로 활동해온 저자가 아이와 마음으로 대화 나누는 법, 관계를 좋게 만드는 칭찬법, 문제 행동 대처법까지 현실적인 육아 지침을 이야기한다.

어쩌다 엄마는 되었지만

김민숙 지음 | 13,800원

"엄마는 처음이지만 뭐든 잘하고 싶습니다"
똑똑한 엄마 전략으로 우리 가족 웃음꽃이 활짝

"어쩌다 엄마가 되었지만 구체적으로 어떤 엄마가 좋은 엄마인지 잘 모르겠다", "뭐든 다 잘해주고 싶지만, 무엇을 어떻게 잘해주어야 하는지 잘 모르겠다" 하고 고민을 토로하는 엄마가 많다. 엄마가 처음이니 서투른 게 당연하다. 서투른 엄마들을 위해 맘메이트 김민숙 저자가 멘토로 나섰다. 엄마가 행복해야 가정도 화목해진다. 저자는 현재 '맘메이트 연구소'를 만들어 더 많은 엄마의 멘토가 되어 소통하고 있다. 이 책은 육아하는 도 중 만나는 막막한 순간, 당황스러운 순간, 위기의 순간에 도움이 될 것이다.